생각,

하나님 설계의 비밀

Could It Be
This Simple?

생각, 하나님
설계의
비밀

Could It Be
This Simple?

지은이	티머시 R. 제닝스
옮긴이	윤종석
발행인	김혜정
디자인	홍시 송민기
기획위원	김건주
마케팅	윤여근, 정은희
출간일	초판 1쇄 발행 2019년 12월 12일
	초판 3쇄 발행 2022년 05월 31일
발행처	도서출판 CUP
출판신고	제 2017-000056호(2001.06.21.)
주소	(04549) 서울특별시 중구 을지로 148, 803호(을지로3가, 중앙데코플라자)
전화	02) 745-7231
팩스	02) 6455-3114
이메일	cupmanse@gmail.com
홈페이지	www.cupbooks.com

ISBN   979-11-90564-00-7 03230 Printed in Korea

* 파손된 책은 구입하신 서점에서 교환해 드리며 책값은 뒤표지에 있습니다.

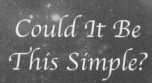

*Could It Be
This Simple?*

사고를 회복하고 치유하는 성경적 모델!

사고의 복합적 차원을 이렇게 효과적으로 논한 책은 처음이다

생각,

하나님
설계의
비밀

미국 소비자연구위원회가 선정한
**최고의 정신과 의사,
티머시 R. 제닝스가 밝히는
생각에 관한 진실**

의학박사 티머시 R 제닝스 지음 | 윤종석 옮김

Could It Be This Simple?

A Biblical Model
For Healing The Mind

Timothy R. Jennings, MD

〈그녀〉를 계기로
나는 13년간의 여정에 올라
결국 이 책까지 쓰게 되었다.

For Her
〈그녀〉에게

의료계에 몸담은 지 오래지만 사고의 복합적 차원을 이렇게 효과적으로 논한 책은 처음이다. 제닝스 박사는 정신질환의 원인을 능숙하게 밝히면서 실제적 해법을 제시한다. 내 치유의 접근법을 근본적으로 바꾸어 놓은 이 책이 당신의 삶에도 변화를 가져다줄 것이다.

제임스 L. 마컴(James L. Marcum) | 심장 전문 의학박사, 채터누가 심장연구소,
Heartwise 사역기관 총재 겸 강사

하나님이 우리 각자 안에 이루려 하시는 위대한 치유와 회복 과정을 아주 명쾌하고 설득력 있게 제시한 책이다. 책을 다 읽고 나면 하나님의 마음 쪽으로 더 가까이 끌릴 수밖에 없다.

브래드 콜(Brad Cole) | 의학박사, 로마린다대학교 신경학 부교수, 의대 신경과학 학과장

복음은 우리를 죄에서 구원할 뿐 아니라 회복하는 과정이다. 티머시 제닝스는 이 책에 바로 그 과정을 상술했다. 예수 그리스도께 마음을 드린 사람이라면 누구나 이 책을 읽고 하나님의 사랑 안에 쉼을 누릴 수 있다.

잭 J. 블랑코(Jack J. Blanco) | 박사, *The Clear Word*(분명한 말씀) 저자

제닝스 박사의 글에는 신학자의 심오함, 의사의 진단력, 교수의 명쾌함, 목회자의 애정, 전도자의 열정이 묻어난다.

듀이 플레밍(Dewey Fleming) | 조지아주 덜튼 복음주의 감리교회 담임목사

아내 크리스티(Christie)의 인내와 이해와 사랑의 지원이 없었다면 이 책이 당신의 손에 들릴 수 없었을 것이다. 아내는 하나님의 은혜와 선하심과 사랑을 내게 거듭 보여 주었다. 아내를 통해 하나님이 내 영혼을 만져 주셨다. 아내에게 감사와 사랑을 보낸다! 책을 쓰는 내내 나를 재촉하고 격려하고 지원해 준 어머니와 많은 친구에게도 감사를 표하고 싶다.

그리고 무엇보다 가장 중요하게, 이 책을 준비할 기회를 은혜로 허락해 주신 하나님께 감사드리고 싶다.

이 책에 소개된 모든 환자의 사례는 실화다.

기밀을 보호하기 위해 이름과 신상 정보를 모두 바꾸었다. 기밀 보호를 한 차원 더 높이고자 여러 개인의 정보를 혼합한 사례도 더러 있다.

차
례

〈그녀〉*는 자신의 삶이 아무짝에도 쓸모없고 누구에게도 무가치하게 여겨졌다. 그러니 내 삶에 미칠 영향도 알았을 리 없다. 본인은 몰랐지만, 이 환자를 계기로 나는 13년간의 여정에 올라 결국 이 책까지 쓰게 되었다.

그녀를 처음 만난 건 정신과 레지던트 2년 차 되던 해였다. 잿빛 하늘에 보슬비가 내리던 그날, 집에서 대기 상태이던 나는 하루가 조용히 지나가 주기를 바랐다. 오후에 칩이나 먹으며 풋볼 경기를 보려고 아보카도 소스를 막 만들었는데, 그때 삐삐가 울렸다. 내 신분이 레지던트이며 지금 풋볼을 보고 있을 때가 아님을 알렸다. TV를 켜 놓은 채로 칩을 탁자에 두고는 서둘러 조지아주 어거스타의 포트고든에 있는 아이젠하워 육군병원으로 향했다. 정신과에서 단독으로 맞이하는 최초의 긴급 상황이었다.

환자의 첫인상은 평범한 편이었다. 그녀의 사연이 내게 그런 영향을 미치게 될 줄 어찌 알았으랴. 그녀는 아주 슬프고 외롭고 불쌍해 보였고 얼굴이 시름에 겨워 초췌했다. 아직 47세인데도 피부가 거칠고 주름살이 많아 늙어 보였다. 두 뺨에는 화장기 대신 눈물 자국이 비쳤다. 정신과 병동의 전통적인 파란색 환자복 차림이었다.

자살을 또 시도하지 못하게 막으려고 정신과 요원이 병실에 배치되어 24시간 동안 그녀를 감시했다. 눈빛에 딱히 초점은 없어 보였으나 속으로 도와 달라고 부르짖는 게 내게 느껴졌다. 최근 자살 기도에 실패한 그녀는 희망을 잃고 아무런 감정도 없이 낙심에 빠진 듯 보였다. 그런 그녀를 내가 진료하게 된 것이다.

직접 더 들어 보니 그녀에게는 슬프고 괴로운 이력이 있었다. 그 여파에서 헤어나려고 여태 고생 중이었다. 그녀는 스코틀랜드의 보수적인 기독교 가정에서 자랐다. 부모는 이 딸에게 교구 목사를 하나님의 지상 대리인으로 존경하도록 가르쳤다. 그런데 그 남자는 그녀를 6세 때부터 10세 때까지 성폭행했고, 나중에는 오히려 아이의 죄성을 지적하며 지옥불에서 고통당하지 않으려면 회개해야 한다고 종용했다.

이어 그녀가 들려준 삶은 실패한 관계의 파란만장한 연속이었다. 그동안 감정 기복이 만성화되었고, 불쑥불쑥 되살아나는 학대의 기억과 악몽에 시달렸다. 불안과 욱한 성질과 분노로 고생했다. 특히 사람을 신뢰하기가 힘들었다.

더 괴로운 문제는 따로 있었다. 그녀는 늘 하나님이 두려워서 힘들었고 이런 의문에 시달렸다. "하나님이 하신 일일까? 내가 학대당하는 게 그분의 뜻이었을까? 그분은 나를 미워하실까? 하나님은 사랑이시라는데 왜 아이들을 학대당하게 두실까? 신이 존재하기는 하는 걸까?" 여태 그녀는 영혼의 풍랑을 잠재울 답을 찾지 못한 상태였다. 마음의 고통에서 벗어나려고 별의별 짓을 다 해 보았지만 소용없었다고 했다. 마약과 술과 간통은 공허함만을 남겼고, 결국 고통을 참을 수 없어 자살을 기도했다.

나는 아직 레지던트라서 규정상 모든 환자의 사례를 정신과 교수에게 보고하고 매주 감독을 받아야 했다. 그녀의 사례를 보고받은 지도교수는 개입된 사안이 정신의학의 영역을 벗어난다며, 이런 문제는 병원 원목에게 의뢰해 다루어야 한다고 보았다. 내가 가능성을 타진해 보니 환자 자신도 원목을 만나 보겠다고 했다.

그 병원의 수석 원목을 몇 차례 만난 그녀는 상담 경과를 묻는 내게 이렇게 말했다. "참 이상해요. 그가 나더러 성경도 읽지 말고 기도도 하지 말래요. 대신 그동안 나한테 있었던 나쁘고 괴로운 일을 일일이 다 쓰라는 거예요. 그러더니 창문으로 광선이 들어와 그 종이를 태우는 장면을 상상하래요. 결국, 종이를 찢으라서 찢었어요. 이걸로 내 문제는 끝났다더군요." 물론 그녀의 문제는 그 방법으로 없어지지 않았다. 영혼의 폭풍이 조금도 더 잔잔해지지 않았다. 하나님에 대한, 그리고 그분이 자신의 삶에서 하시는 역할에 대한 의문도 풀리지 않았다.

앉아서 듣고 있자니 무력감이 들었다. 그녀를 돕고 싶었다. 의문에 답해 주고 고통을 덜어 주고 싶었다. 하지만 내게는 답이 없었다. 그저 들어 줄 수 있을 뿐이었다. 무엇 하나 실속 있게 내놓을 게 없어 화가 났다. 바로 그 순간 나는 답을 찾기로 결심했다. 뭐라도 내놓아 고통의 치유를 도울 수 있으려면, 진정한 치유를 가져다줄 진정한 답이라야 했다. 그 탐구의 결과물이 바로 이 책이다.

내 환자는 자신의 삶이 쓸모없게 여겨졌다. 자신이 중요하지 않으며 아무도 관심이 없다고 단정했다. 하지만 틀렸다. 그녀의 삶은 중요했다. 내게 중요했다. 그녀를 알았던 게 나로서는 특권이다. 그녀의 삶이 정말 얼마나 의미 있었는지를 어쩌면 다른 많은 사람도 알게 될 것이다.

---

*내 삶과 직업에 미친 영향이 지대하므로 책 전체에 이 환자를 다시 언급할 때마다 <그녀>로 표기했다.

01

신념의 힘

많은 정신의학 서적으로부터 애써 유의미한 답을 찾으려는 소란을 나도 지루하게 몇 장이고 늘어놓을 수 있다. '정신의학의 아버지' 프로이트로 시작해 융, 설리번, 아들러, 컨버그, 코헛, 베크 등의 수많은 후속 이론을 늘어놓을 수도 있다. 그러나 내가 각 이론을 읽어 보니 무언가 빠져 있었다. 앞뒤가 맞지 않았다. 그래도 애써 의미를 파악하려다 깨달은 사실이 있다. 이들 각 이론의 내용은 큰 퍼즐의 한 조각, 더 큰 전체의 단편에 불과했다. 게다가 전부를 합한다 해도 여전히 서로 맞아들지 않았다.

수많은 이론의 입장이 서로 상충되다 보니 전체적인 종합 설계도가 묘연했고, 인간의 사고를 일관성 있게 이해하기가 어려웠다. 누구나 쉽게 이해할 만한 통합적 사고 모델이 필요했다. 앞에 소개한 〈그녀〉 같은 사람을 도우려면 답이 확실하고 합리적이고 명료해야 했다. 그래서 나는 기본에서 출발해 거기서부터 쌓아 나갔다.

소프트웨어와 하드웨어

인간의 사고는 정교하고 복잡한 생체전기 슈퍼컴퓨터다. 매장에서 구입하는 컴퓨터처럼 사고도 하드웨어와 소프트웨어로 이루어져 있다. 하드웨어라는 말은 컴퓨터를 실제로 구성하는 물리적 요소를 가리킨다. 예컨대 하드드라이브, 비디오카드, 통신망 카드 등이다. 우리의 두뇌 컴퓨터를 구성하는 하드웨어는 뇌 조직 자체와 그에 딸린 수십억의 신경세포다.

그런데 하드웨어만으로는 컴퓨터가 기능할 수 없다. 소프트웨어나 프로그램이 있어야 한다. 우선 컴퓨터 기능을 관장하는 규칙의 뼈대인 운영체계가 필요하다. 마이크로소프트 윈도우즈가 운영체계의 한 예다. 인간의 뇌도 그 안에 내장된 하드웨어—유전적으로 뇌를 프로그램화한 배선이라 할 수 있다—의 일정한 특성 덕분에 저마다의 운영체계를 쉽게 수용할 수 있다.

운영체계는 어린 시절에 설치되거나 주입되어 평생 계속 수정된다. 각자의 언어, 예배하는 신, 신념, 가치관, 도덕, 함께 놀고 교류하는 방식, 이 모두가 복잡한 운영체계의 일부다.

그러나 컴퓨터가 작동하려면 하드웨어와 소프트웨어만으로도 부족하다. 에너지원도 필요하다. 에너지원에 결함이 있으면 컴퓨터 운영에 고장과 단락(短絡)이 발생할 수 있다. 우리 뇌의 에너지원은 양분을 공급하고 노폐물을 처리해 주는 혈액이다. 확실하고 일관된 혈류를 무언가가 방해하거나 혈액 자체가 건강하지 못하면 뇌 기능이 힘들어진다. 이 원리를 이해하면 건강한 생활양식이 왜 유익한지 알 수 있다.

알다시피 매장에서 구입하는 컴퓨터는 하드웨어나 소프트웨어나 양쪽 다에 문제가 있을 수 있다. 정신의학에서 뜨겁게 논의되는 문제도 그와 비슷하다. 정신질환의 원인은 하드웨어(뇌의 유전적 또는 구조적 문제)인가, 소프트웨어(사고 내용이나 방식 같은 운영체계의 문제)인가, 아니면 양쪽 다인가?

이 불확실한 의문은 종교와 영성 분야로 인해 한층 더 복잡해진다. 영적 신념은 사고 기능에 어떤 역할을 하는가? 전통적으로 정신과 의사들은 종교적 신념을 기껏해야 한물간 대응 전략으로, 최악의 경우 집단적 망상으로 간주한다.

나는 이렇게 종교를 평가절하하는 풍조가 개인적으로 몹시 안타까웠다. 많은 교수가 집요하고도 은근하게 내 종교적 신념을 공격했기 때문이다. 지식인은 종교적 미신에 매달릴 필요가 없다는 식이었다. 그러나 충실한 과학도로서 나는 일단 증거를 조사해 직접 결론을 도출해 보지도 않고서 무조건 남들의 비판 때문에 잠재적 정보의 장(場)에 사고를 닫을 수는 없었다. 그래서 레지던트 기간은 내게 정신의학을 수련하는 시기일 뿐 아니라 내 평생의 종교적 소신을 깊이 성찰하고 점검하는 시기도 되었다.

뒷받침할 만한 증거와 면밀한 논리가 없이는 그 어떤 견해도 참이라고 선언하지 못하게 했던 교수진에 깊이 감사한다. 그런 접근법이야말로 정신의학의 많은 모순을 통합하는 열쇠였고 사고를 이해하는 열쇠였다. 정신의학을 공부하면서 동시에 인간의 영적 속성을 탐구할수록, 아름답고 조화로운 종합 설계도가 내게 더 똑똑히 보였다.

이렇듯 나는 전통 정신의학이 발을 내딛기를 두려워하는 분야에서 엄연히 답을 얻고 있었다. 그런데 대부분의 교수와 많은 정신 건강 전문가는 아직도 정당한 심리치료 행위에 종교적 신념이 끼어들 수 없다는 태도다. 과학적 인식 덕분에 신의 필요성이 사라졌다는 것이다.

많은 사람이 지그문트 프로이트(Sigmund Freud)의 견해를 고수한다.

그는 신을 믿는 신념을 '사회적 신경증'이라 칭하면서, 이런 신념의 필요성을 불식시킬 지성적 인식을 촉구했다.[1] 한편 자칭 신경정신의학자들은 정신질환을 뇌가 화학적 균형을 잃은 결과로 보고, 뇌의 화학물질을 정상으로 회복시킬 약물의 조합만 제대로 찾아내면 치료할 수 있다고 주장한다. 다시 말해서 일부 의료인은 소프트웨어를 무시한 채 하드웨어에만 집중한다.

신념은 중요한가?

이상의 고찰을 염두에 두고서 나는 내 여정의 가장 합리적인 다음 단계가 몇 가지 기본 질문의 답을 모색하는 일임을 깨달았다. 신념은

---

1 "역사적 가치를 알기에 우리도 일부 종교 교리를 십분 존중하지만 그래도 우리의 입장은 여전히 유효하다. 종교를 더는 문명의 교훈의 근거로 내세워서는 안 된다. 오히려 정반대다! 그런 역사적 잔재 덕분에 우리는 종교적 교훈을 이를테면 신경증적 유물로 보게 되었고, 이제 분석 논리에 따라 그 억압의 잔재도 합리적 지성 활동의 결과물로 대체될 때가 되었다." Sigmund Freud, *The Future of an Illusion* (1927), 8장; 재판 *Complete Works*, James Strachey & Anna Freud 편집 (1961), 제21권. (《문명 속의 불만》에 수록, 열린책들 역간) "두 문단 앞에 프로이트는 종교를 '아이의 강박 신경증처럼 … 오이디푸스 콤플렉스에서' 생겨나는 '인류 보편의 강박적 신경증'이라 칭했다. '종교는 아동의 신경증에 비견된다'라는 문구는 각종 문집에 자주 인용되지만 실제로 그가 한 말은 아니다." *The Columbia Dictionary of Quotations* (Columbia University Press, 1998).

중요한가? 정말 우리에게 영향을 미칠까? 뇌의 소프트웨어는 정말 변화를 낳는가? 아니면 우리는 유전적으로 지금의 모습으로 프로그램화 또는 배선된 것 뿐일까? 사고 내용이나 방식을 바꾸면 신체 및 정신 건강에 영향이 있을까? 그래서 나는 이런 복잡한 의문에 답해 줄 증거를 찾아 나섰다.

영성과 정신의학의 통합을 추구한 정신과 의사는 소수에 그치지만, 요즘은 일반 의학에서도 더 개방적인 자세로 영적 주제에 천착한다. 이런 추세의 일환으로 하버드대학교의 허버트 벤슨(Herbert Benson) 박사와 동료 교수진은 의학에서 영성의 중요성에 더 주목하자는 취지의 세미나를 최근에 실시했다. 세미나 인도자들은 특정 형태의 명상이 신체 전반에 유익을 끼친다는 견해를 밝혔다. 그러나 더 중요하게 특정 형태의 영성을 통해 실제로 신체 건강이 증진됨을 강조했다.

뱀의 독액으로 협심증을 치료한다?

벤슨 박사는 저서 *Timeless Healing: The Power and Biology of Belief*(시대를 초월한 치유: 신념의 위력과 생리)에 과학적 데이터를 상술해, 신념의 내용이 우리 몸의 건강에 영향을 미칠 수 있음을 예증했다. 동료인 데이비드 P. 맥컬리 주니어(David P. McCalllie Jr.) 박사와 함께 그는 협심증을 경감시키기 위한 다양한 요법을 광범위하게 수록했다. 협심증은 심장에 공급되는 혈류가 감소하면서 발생하는 흉통이다.

조사 결과에 따르면 불과 얼마 전까지만 해도 의사들은 (뱀의 독액 주입 같은) 민간요법과 (췌장의 일부나 갑상선의 절제 같은) 불필요한 수술로 협심증을 치료하려 했다.

의학계에서는 그런 방법에 실제로 생리적 유익이 있다고 보지 않는다. 그런데도 벤슨 박사와 맥컬리 박사는 매우 흥미로운 결과를 확인했다. 이런 요법의 효과를 믿은 환자의 70~90%는 실제로 차도를 보였다. 나중에 그런 치료가 사이비였음이 과학적으로 입증되자 그 비율은 30~40%로 떨어졌다.[2]

입덧과 부기와 발진과 천식도 신념으로 막을 수 있을까?

벤슨 박사는 신념이 신체 건강에 미치는 영향을 더 고찰하면서, 이번에는 여간해서 고치기 힘든 임신 중 입덧에 대한 스튜어트 울프(Stewart Wolf) 박사의 연구를 인용했다. 울프는 내시경으로 각 임신부의 위가 수축한 정도를 조사했다. 이어 그들에게 입덧 치료제라며 약을 주었는데, 사실은 오히려 구토를 유발하는 토근(吐根) 액즙이었다. 그런데 놀랍게도 전원 입덧과 구역질이 완전히 진정되었고 (내시경으로 측정된) 위의 수축 정도도 정상 비율로 돌아왔다.[3]

벤슨 박사는 사랑니를 뽑은 후의 부기를 조사한 다른 연구도 인용했다. 임의로 두 집단의 환자를 추출해 한쪽에는 아무런 약도 주지 않았고, 다른 쪽에는 부기를 가라앉혀 준다며 위약(偽藥)을 주었다. 위약

2 Herbert Benson, *Timeless Healing: The Power and Biology of Belief*
 (New York: Scribner, 1996), p. 30.

3 같은 책, p. 32.

을 받은 집단이 그렇지 않은 집단에 비해 부은 정도가 35% 덜했다.[4]

옻나무에 알레르기 반응을 보이는 일본 소년들을 상대로 한 연구에서도 놀라운 결과가 나왔다. 연구진은 모든 아이에게 눈가리개를 씌운 다음 한쪽 팔에는 옻나무를, 반대쪽 팔에는 밤나무 가지를 살짝 댔다가 떼었다. 그러면서 일부러 아이들에게 옻나무와 밤나무를 바꾸어 말했다.

몇 분만에 모든 소년의 한쪽 팔이 벌겋게 부어오르면서 가렵고 따끔거렸다. 아이들은 그 팔에 닿은 게 옻나무라고 생각했지만, 사실은 밤나무였다. 반대쪽 팔은 아무 반응도 없었다. 연구진은 반응에 영향을 미친 요인으로 옻독에 대한 유전적 취약성, 접촉된 독의 양, 암시 효과 등 세 가지를 꼽았다. 무엇보다 중요하게 연구진은 51%의 피험자에게 다른 두 요인보다 암시 효과가 더 강하게 작용했다고 결론지었다.[5]

런던대학교의 한 연구에서 N. R. 버틀러(N. R. Butler)와 앤드루 스텝토(Andrew Steptoe)는 천식 환자들에게 기관지 수축제라며 무언가를 흡입하게 했다. 그 결과 전원이 호흡 곤란을 일으켰다. 그런데 연구진이 강력한 기관지 확장제라며 미리 무언가로 조치를 해 주었던 환자들은 멀쩡했다. 어느 환자나 다 실제로 받은 것은 멸균 증류수였다.[6]

그밖에도 많은 비슷한 실험으로 예증되듯이 사고는 몸에 엄청난 위력을 행사한다. 어떻게 믿느냐에 따라 몸이 병들 수도 있고 나을 수도

---

4 같은 책, p. 33.
5 같은 책, p. 59.
6 같은 책, p. 54.

있다. 소프트웨어는 분명히 하드웨어에 영향을 미친다. 사고 내용은 실제로 육체에 막대한 파장을 일으킨다.

벤슨 박사의 연구는 환자의 신념이 어떻게 몸에 물리적으로 영향을 미치는가에 초점을 맞추었다. 신념이 사고 자체에 미치는 영향은 탐색하지 않았다. 그래서 두어 가지 의문이 뒤따를 수밖에 없다. 신념은 정신 건강에 영향을 미치는가? 더 중요하게 영적 신념은 정신 건강을 바꾸어 놓는가?

영적인 이슈도 중요하다!

무수한 경험을 통해 나는 영적 신념이 정신 건강 전반에 미치는 중요한 역할을 확신하게 되었다. 조지아주 포트스튜어트에 주둔한 기계화 보병 제3사단의 사단 정신과 의사로 복무하던 중에도 아주 생생하고 감동적인 경험이 있었다.

1990년 가을에 미국과 여러 동맹국은 중동에 병력을 결집했다. 사담 후세인의 이라크군이 쿠웨이트를 침공했으므로 대응이 불가피했다. 1991년 2월 즈음에는 쿠웨이트 내 이라크군을 향한 예견된 공격이 임박해 보였다.

군사 전문가들은 이라크가 생화학무기를 동원할 것으로 확신하고 미군의 전쟁 사상자를 무려 8만 명으로 예측했다. 조지 부시 대통령은 이라크 측에 쿠웨이트에서 철수할 최종 기한을 공포했다. 진격할 시간이 가까워져 오자 긴장이 고조되었다.

M1A1 에이브럼스 전차의 지휘관으로 세계 최강급 탱크를 담당하

던 존스(Jones) 하사도 이라크 침투를 준비 중인 기갑 사단에 배치되었다. 그는 군직의 기량으로 동료들 사이에 신망이 두터웠을 뿐 아니라 투철한 기독교적 신념 덕분에 대대 전체에서 하나님의 사람이라는 평판도 얻었다.

막바지 침투 준비가 한창일 때 존스 하사는 대대 군목에게 부탁해 탱크에 바를 거룩한 기름 한 병을 구했다. 그 기름으로 빙 둘러 차체 전체에 작은 십자가를 계속 그리며 자신과 부하들과 탱크를 하나님께 바쳤다. 그러면서 하나님께, 임박한 전투 중에 자신과 부하들을 보호해 주실 뿐 아니라 자신을 크게 써 주시도록 기도했다.

얼마 후 존스의 중대장이 보니 자신의 무전기가 고장 나 있었다. 대대 지휘부의 명령을 받아 중대 병력을 지휘하려면 제대로 작동하는 무전기가 절대 필수였으므로, 중대장은 존스 하사의 무전기를 내놓으라고 명령했다. 존스는 자신이 전투지에서 사실상 귀를 잃고 훨씬 위험해질 줄을 알았기에 명령에 불복하려 했다. 그러나 체포해 군법회의에 회부한다는 위협에 못 이겨 마지못해 무전기를 중대장에게 내주었다.

설상가상으로 존스 하사의 야간 투시경마저 작동이 멎어 있는 것을 어둠이 내려 병사들이 침공을 개시하려고 전차에 탔을 때 알게 되었다. 그는 자기 탱크의 동지들이 전투지에서 귀만 아니라 눈까지 잃을 게 아찔해 즉시 철수 허락을 요청했으나 상관들은 거부했다. 존스의 탱크가 피아를 식별할 수 없어 정확히 발포하지는 못할지라도, 과녁을 찾아낼 수 있는 다른 탱크들에 포격이 집중되지 않도록 적의 화력을 분산시키는 역할은 가능하다는 것이었다.

침공을 개시하자마자 교전이 시작되어 존스 하사의 중대는 탱크, 박격포, 대포, 중무장 헬리콥터 등 온갖 화기의 포격에 포위되었다. 굉음을 울리며 폭발하는 포탄과 차량으로 인해 밤하늘이 불타올랐고 사방에 부상병의 비명이 난무했다. 소속 중대의 여러 소대가 타격을 입었으며, 존스 팀도 곧 죽을 것만 같아 모두가 두려웠다.

사막의 폭풍 작전에 참전한 지 4년 후 존스 하사가 내 사무실을 찾아와 악몽, 회상, 불안, 수면 장애, 관계 문제, 긴장, 집중력 저하, 과민 반응, 직장 문제, 우울 등 수많은 문제로 도움을 청했다. 몇 차례의 면담을 통해 그의 삶에 무엇이 중요하고, 평소 행동의 동기가 무엇이며, 걸프전 경험이 어떤 영향을 남겼는지 등 그에 대해 잘 알게 되었다. 갈등의 핵심은 하나님이 자신을 저버리셨다는 신념에 집중되어 있었다. 4회째 면담 때 충분히 확신이 들어 그의 걸프전 경험을 몇 가지로 요약해 주었다. 전시 경험의 해결되지 않은 외상을 극복하려면 그에게 꼭 필요한 말이라 여겨졌다.

"당신은 그리스도인으로서 기독교 신앙을 공적으로 고백했습니다. 탱크 전체에 기름으로 십자가를 그리며 자신과 탱크와 부하들을 하나님께 바쳤습니다. 전투에 나갈 때 눈과 귀를 잃은 상태였고요. 소속 중대가 공격받아 다른 몇 소대는 타격을 입었는데 당신의 탱크는 총탄이나 포탄은 고사하고 유산탄 파편 하나에도 맞지 않았습니다."

말마다 사실임을 그가 시인한 후에 내가 내린 결론은 이랬다. "당신이 경험한 사막의 폭풍 작전은 내게 다니엘이 경험한 사자 굴을 연상시킵니다."

그의 눈이 휘둥그레지고 턱이 쩍 벌어졌다. 즉시 깨달음이 왔다. 그는 양손에 얼굴을 묻고 앉아 몇 분 동안 흐느껴 울었다.

그로부터 얼마 후 내가 추적 치료차 연락했더니 그는 삶에 임하는 자신의 자세가 몰라보게 좋아져 더는 상담이 필요 없어졌다고 말했다. 18개월 후에 존스 쪽에서 먼저 내게 자신의 성공 가도를 알려 왔다. 악몽과 회상이 사라지고 수면이 정상으로 돌아왔으며, 불안과 우울증이 가라앉아 약도 다 끊었다고 했다. 육군을 명예 제대한 그는 교육학 학위를 마치고 고등학교 교사로 전업한 상태였다. 부부 관계도 이전 어느 때보다 돈독해졌고, 지역교회에서 장로로도 활동하고 있었다.

무엇 때문에 달라졌을까? 존스 하사는 거짓말을 믿었다. 하나님이 기도에 응답하지 않으시고 자신을 저버리셨다고 단정했다. 그러던 그가 주님이 자신의 기도에 기적적으로 응답하셨다는 진실을 깨달았다. 이 신념이 변한 결과로 그는 회복되었다.[7]

영적 이슈는 당연히 중요하다!

그것은 우리의 경험에서 빼놓을 수 없는 부분이며, 따라서 우리의 인식과 치료 행위에도 포함되어야 한다.

---

7 약으로 신념이 바뀌지는 않지만, 증상이 완화될 수는 있다. 망상은 굳어진 거짓 신념으로 정의되는데, 망상적 신념으로 고생하는 사람에게 약을 쓰면 변화가 나타날 수 있다. 약 자체가 신념을 바꾸어 놓지 못하는데 어떻게 그게 가능할까? 망상에 시달리는 사람은 현실을 정확히 사고하거나 지각하는 능력을 잃었다. 약은 그런 논리력이나 인식력을 회복시켜 주는 역할을 한다. 그러면 사실과 증거를 평가할 수 있으므로 본인의 논리력으로 망상적 신념을 현실에 기초한 신념으로 수정한다.

사
고
의

위
계

〈그녀〉나 존스 하사와 증상이 비슷한 환자들을 계속 접할수록 보통 사람들에게 진정한 답을 제시해 줄 실용적 사고 모델을 찾으려는 내 열의도 더해 갔다. 그래서 사고와 그 기능, 인간의 영적 속성 등에 관한 연구에 더욱 박차를 가했다. 거기서 삶을 변화시켜 주는 흥미진진한 발견이 이루어졌다.

하나님은 질서의 신이다. 그분은 창조하실 때 혼란스럽게 하신 게 아니라 조직적이고 질서정연하게 하셨다. 인간을 지으실 때도 뇌를 일정 방식으로 기능하도록 설계하셨다. 이번 장에서는 사고의 조직적 구조를 살펴보고자 한다. 사고의 위계(hierarchy)를 알면 사고를 치유할 때 지성적 선택을 내릴 수 있다.

최상위 기능

인간이 보유한 최상위 기능은 하나님의 형상을 가장 많이 닮은 부분이다. 본래 하나님이 우리를 다스리시는 통로였던 이 부분을 많은 그리스도인이 '영적 속성'이라 칭하기도 한다. 영적 속성이란 육체를 드나드는 천계의 신비롭고 묘연한 무엇이 아니라 하나님과 가장 비슷하게 그분의 형상을 닮은 여러 자질과 능력으로 이루어진다. 이런 특성 때문에 우리는 동물과 구별되며, 하나님께 책임지는 존재가 된다.

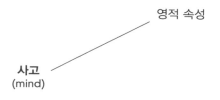

영적 속성

사고
(mind)

이성적 능력

사고의 최고 기능은 이성의 논리력이다. 생각하고 증거를 저울질해 결론을 끌어내는 능력이다. 덕분에 우리는 사색하고 이해할 수 있다.

우리 옆집의 개 데이지는 전형적 잡종으로 힘이 넘쳐난다. 자꾸 쓰다듬어 달라며 비위를 맞추려 든다. 그런데 문제가 있다. 데이지는 동네를 돌아다니며 막대기, 쓰레기, 헌 신발짝 등 아무거나 물어다가 주인집 현관에 떨구어 놓기 일쑤다.

최신 보물을 물고 집으로 오다가 마침 주인이 마당에 있으면 주인의 발밑에 물건을 내려놓고는 꼬리를 흔들며 쓰다듬어 달라고 한다. 그런 일이 주인을 기쁘게 하기는커녕 오히려 골칫거리임을 데이지는 모른다. 동물은 논리력이 없으므로 주인도 개에게 이를 설명할 길이 없다.

반면에 인간은 논리력이 있다. 이성이야말로 모든 정신 기능 중 최고다.

이성

영적 속성

사고
(mind)

하나님이 설계하신 양심(conscience)

그런데 인간의 지식이 무한하지 못하다 보니 건강한 결정이나 분별을 내리려면 이성만으로 부족하다. 그래서 하나님은 보조 장치로 양심을 설계해 이성과 협력하게 하셨다.

양심은 영혼의 눈이다(참조 마 6:22). 이 기능을 통해 하나님의 영이 우리에게 직접 소통하신다. 그분이 말씀하시는 세미한 소리를 우리는 양심을 통해 '듣는다'(참조 왕상 19:12). "성령께서 내 영혼에 말씀하셨다"라는 일부 그리스도인의 말은 자신의 양심을 지칭한다. 그러나 육안처럼 양심도 병들 수 있음을 기억하면 건강에 도움이 된다.

매주 자기 사무실에 모여 성경 공부를 하는 피부과 의사 친구가 있다. 하루는 모임이 시작되는 저녁 6시 직전에 그룹의 일원인 조(Joe)가 아내 없이 혼자 성경 공부에 왔다. 조는 시청각 장애가 있는 열다섯 살 된 개를 잃었다고 했다. 아내는 집에 남아 개를 찾고 있고 자기만 개를 속히 찾도록 구성원들에게 기도를 부탁하러 모임에 왔다는 것이었다.

다 함께 기도한 뒤에 조는 다시 반려견을 찾으러 돌아갔다. 얼마 후

6시 반쯤 다른 조원인 제러미(Jeremy)가 성경 공부 도중에 자신이 방금 환상으로 감화를 받았다며 조가 숲속에서 개를 찾았다고 말했다. 합심 기도가 응답되어 개가 무사하다는 것이었다. 놀랍게도 7시에 조가 전화를 걸어 자기 부부가 집 뒤쪽 숲속에서 정확히 6시 반에 반려견을 찾았음을 알려 왔다. 제러미는 어떻게 알았을까?

하나님은 육성으로나 영적 감화를 통해 우리 사고(mind)에 직접 말씀하실 수 있다. 그분의 소통이 들려오는 통로는 육성일 경우에는 청각 신경이고 정신적 감화일 경우에는 양심이다.

양심은 영혼의 눈이라고도 하는 특수한 정신 기능이다. 육안이 빛을 신경 에너지로 전환해 뇌에 정보를 전달하듯이 양심도 영적 감화를 뇌에 전달해 해석하게 한다. 알다시피 육안이 병들어 건강을 잃으면 사물이 흐릿해 보이거나 아예 헛것이 보일 수도 있다. 마찬가지로 양심도 병들어 건강을 잃으면 인간이 경험하는 감화가 왜곡되거나 아예 완전히 허구일 수 있다.

양심을 통해 사고에 들어오는 정보라 해서 다른 통로로 들어오는 정보보다 그 자체로 가치가 더하지는 않다. 우리의 논리력으로 감화나 음성을 평가해 정말 하나님에게서 왔는지 아니면 가짜인지 분간해야 한다. 즉 어떤 메시지나 개념을 감화로 받을 수는 있으나 그 자체가 진품의 증거는 아니다. 다른 확증으로 뒷받침되어야만 정당성을 얻는다.

하나님은 이성과 양심이 서로 조화롭게 협력해 건강한 인식과 분별을 통해 타당한 결정을 내리도록 설계하셨다. 양심 없이 이성만으로도 (진화론이나 마르크스주의 같은) 아주 똑똑한 이론을 만들어낼 수는 있지만, 이는 겉보기에는 지혜로울지 몰라도 하나님의 존재와 그분의 통치 원리를 부인한다.

양심 없이 작동하는 이성은 책임과 개선 조치를 피하려고 해로운 행동을 합리화할 수 있다. 많은 범죄자가 논리력을 동원해 범행을 저지르고 수배망을 따돌린다. 그러려면 양심이 건강하지 못하거나 무디어져 있어야만 한다. 건강한 선택을 내리려면 양심이 이성을 억제해 주어야 한다.

인도의 정치가이자 영성 지도자인 마하트마 K. 간디(Mohandas K. Gandhi)는 이렇게 말했다. "이성을 전능하게 여김은 가축과 목석을 신으로 숭배하는 일만큼이나 한심한 우상숭배다. 이성을 억압하자는 게 아니라 정당한 만큼만 인정해 우리 안의 이성을 거룩하게 하자는 말이다."[1]

이성을 거룩하게(건강하게) 하려면 하나님이 양심을 통해 역사하시고 진리를 계시해 주셔야 한다. 반대로 이성의 균형추 없이 양심만을 길잡이로 믿을 수도 없다. 이성과 무관하게 양심대로만 결정하는 사람은 웨이코에 불을 지르거나 존스타운에서 청산가리를 마시거나 헤일밥 혜성에 올라타려 하거나 비행기로 건물을 들이받을 수 있다. 다윗파의 데이비드 코레시(David Koresh)와 함께 불타 죽거나, 짐 존스(Jim Jones)를 따라서 또는 '천국 문' 이단에 속해서 집단 자살을 하거나, 여객기를 자살 폭탄으로 쓰는 사람이 자기 양심에 충실할 수는 있다. 하

---

1 Mohandas Gandhi (1869~1948), *Young India*, 1924년 10월 14일. 다음 책에 인용되어 있다. *The Columbia Dictionary of Quotations*.

지만 그게 이성적인 행동인가?

　다음은 독일 철학자 프리드리히 니체(Friedrich Nietzsche)의 말이다. "자꾸 부딪치지만, 그때마다 내가 저항하는 사실이 있다. 손에 만져질 듯한데도 믿고 싶지 않다. 즉 절대다수의 인간은 지성적 양심이 부족하다. 내가 보기에 그런 걸 바라는 일 자체가 대도시의 인파 속에서 광야의 고독을 누리려 함과 같다."[2]

이성을 잃은 양심의 비극

　양심이 이성의 균형추 없이 작동할 때 발생할 수 있는 피해를 최근에 내가 경험한 한 비극이 환기해 주었다. 칼러스(Carlos)는 69세의 은퇴 교수로 보수적인 기독교 교단 소속이었다. 어느 사립대학에서 역사학을 가르치며 35년 동안 보람되게 일하다가 근래에 은퇴한 상태였다.

　생활양식이 극보수이다 보니 그는 지키는 철칙이 많았다. 채식주의자에다 술 담배를 하지 않고 운동을 꾸준히 했다. 그런데 칼러스 부부는 약을 먹는 게 죄라고 믿었다. 특히 정신과 계통의 약은 뇌를 훼손한다고 믿었다.

　2000년 가을에 칼러스는 우울증이 심해졌다. 현실 감각을 잃고 환청이 들리기 시작하더니 남들이 자기를 지켜보고 있다는 망상에 빠졌

---

2 Friedrich Nietzsche (1844~1900), *The Gay Science*, 개정판 (1887). (《즐거운 학문 메시나에서의 전원시》 책세상 역간) 다음 책에 인용되어 있다. *The Columbia Dictionary of Quotations*.

다. 결국, 주위 사람들과 제대로 교류하는 능력을 잃었다. 이들 부부는 어찌할 바를 몰랐다. 병세는 분명한데 약 없이 어떻게 치료해야 할지 막막했다.

절박하게 방도를 찾다가 먼 곳에 있는 어느 기관을 발견했는데, 그곳의 의료진도 이들처럼 정신과 계통의 약이 뇌를 훼손한다고 믿었다. 그런 신념 때문에 그들은 약초, 수(水)치료, 기도 등 '자연 요법'만 썼다.

불행히도 칼러스는 계속 악화되어 말의 앞뒤가 맞지 않았고 바닥을 기어 다녔다. 대소변을 참지 못해 벽에 똥을 칠하곤 했고, 크게 낙담해 안절부절못하며 심한 정신이상 증세를 보였다. 음식을 먹지 않으니 몸무게가 확 줄어 거의 아사할 지경이었다.

키가 175cm인 칼러스의 체중이 37kg까지 떨어지자 그 기관의 의료진은 복벽을 통해 위안으로 직접 영양관을 삽입해 수동으로 음식물을 넣었다. 덕분에 체중은 좀 늘었지만, 우울증과 망상증과 비합리적 사고는 계속되었다. 그렇게 8개월을 '치료'해도 아무런 성과가 없었다. 그러자 그의 아내가 마지막으로 지푸라기라도 잡는 심정으로 칼러스를 내 사무실로 데려왔다.

그의 모습은 보기에도 딱했다. 볼의 살가죽이 축 늘어져 있었고, 눈은 안으로 푹 꺼진 채로 눈자위가 온통 거무튀튀했다. 뼈가 거의 살가죽을 뚫고 나올 지경이라 앉아 있기도 괴로워했다. 중증 우울증에다 정신이상 증세도 계속되었다. 그런데도 아내는 남편이 죽는 한이 있어도 절대로 약을 써서는 안 된다고 고집했다.

1시간도 넘게 그 부부에게 과학적 증거를 논리적으로 설명했다. 정신이상이야말로 뇌를 훼손하며 그 상태가 오래갈수록 성공적 치료가 어렵다고 말해 주었다. 그동안의 자연 요법에 칼러스가 반응하지 않았던 이력과 19세기에 자연 요법이 정신질환을 개선하지 못했던 역사도 되짚어 보았다.

자연 요법을 말리는 과정에서 여러 신약(新藥)의 분자 활동 및 뇌에 미치는 구체적 영향도 언급했다. 예상되는 약효와 잠재적 부작용까지 다 말해 주었다. 그래도 부부는 꿈쩍도 하지 않았다.

마지막으로 한번 더 그들에게 지난 8개월의 자연 요법이 무엇을 남겼는지 칼러스를 보라고 당부했다. 그는 산송장이나 다름없었다. 그런데도 그들은 차라리 죽을지언정 약을 쓸 수는 없다는 생각에서 헤어나지 못했다. 약을 써서 건강이 회복된다고 할지라도 말이다. 억장이 무너지는 상황이었다. 이 부부는 스스로 옳다고 생각하는 대로 양심적으로 행동했다. 그러나 논리력을 구사하지 않아 오히려 더 해로운 선택을 내렸다.[3]

이성과 양심이 조화롭게 협력하고 서로 균형을 이루어야만 비로소 건강한 결정을 내릴 수 있다. 이 두 기능을 한데 묶어 판단력이라고도

---

3 칼러스가 내 사무실을 떠난 지 3년 후, 그를 내게 의뢰했던 의사가 뒷일을 들려주었다. 칼러스는 자연 요법을 쓰던 기관으로 되돌아가 3개월 더 그 치료를 받았으나 전혀 차도가 없었다. 외국에 살고 있던 그의 아들이 사정을 듣고 즉시 귀국해 아버지를 어느 정신과 의사에게 데려가 항우울제를 처방받았다. 6주도 못 되어 칼러스의 우울증이 완전히 사라졌다. 식욕도 정상으로 돌아와 체중이 점차 늘었고 생각도 조리 있고 명료해졌다. 혼자서도 활동이 가능해져 몇 달 후에는 시간제로 가르치는 일을 시작하기까지 했다.

한다. 이성이나 양심 중 하나라도 역기능을 보이면 판단력도 저하된다. 반대로 이성과 양심이 건강해질수록 판단력도 좋아진다.

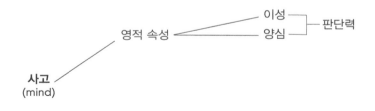

누구나 무언가를 예배한다

영적 속성을 완성하는 마지막 기능은 타고난 예배 욕구 또는 충동이다. 이는 인간 고유의 일면으로 본인이 인정하든 그렇지 않든 누구나 경험하는 바다. 꼭 신이 아니라 특정한 스포츠팀, 돈, 권력, 마돈나 같은 대중문화 인물, 과학적 방법, 자아 등일 수도 있다. 어쨌든 누구나 무언가를 예배한다. 일각에서는 이를 의미 욕구나 목적 추구라고도 한다. 즉 자아 바깥에서 찾는 기본 방향이고, 삶에 초점과 의미와 목적과 이해를 더해주는 무엇이다.

카를 야스퍼스(Karl Jaspers)는 《철학입문》(동서문화사 역간)에 이 상황을 "당신이 붙들고 존재의 기초로 삼는 그것이 곧 당신의 진짜 신이다"라고 요약했다.[4] 리처드 크릴(Richard Creel)의 *Religion and Doubt*(종교와 의심)에도 비슷한 통찰이 나온다. "한 사람의 삶을 실제로 지배하는 그것이 곧 그의 신이다. 본인이 알든 모르든 이 신이 그의 삶에 통일성과 방향과 영감을 부여한다."[5]

문제는 "우리는 예배하는가?"가 아니라 "무엇을 예배하고 있는가?"이다.

보는 대로 변화된다

기독교는 우리에게 자아를 보지 말고 그리스도를 보라고 가르친다. 하나님은 왜 "나를 예배하라"라고 말씀하실까? 정서가 불안해서인가? 우리의 인정과 지지가 필요해서인가? 우리가 무엇을 예배하든 그게 정말 중요할까?

하나님이 우리에게 "나를 예배하라"라고 명하심은 실제로 우리가 숭배 대상을 닮아 가기 때문이다. 인간은 자신이 이상화하는 대상에게 헌신하게 되어 있다. 정신의학에서 이를 모델링이라고 하는데, 성경에서는 예배의 법칙이다. 우리는 보는 대로 변화된다. 인간의 성품은 실제로 자신이 존경하는 대상과 비슷하게 변한다(고후 3:18).

고대 이집트인들이 숭배한 많은 신 가운데 개구리가 있었다. 당신 가족이 저녁 때 작은 개구리 금 신상에 둘러앉아 예배를 드린다고 상

---

4 Karl Jaspers, *Way to Wisdom* (New Haven, Conn.: Yale University Press, 1951). (《철학학교/비극론/철학입문/위대한 철학자들》에 수록, 동서문화사 역간)

5 Richard Creel, *Religion and Doubt: Toward a Faith of Your Own* (Englewood Cliffs, N.J.: Prentice-Hall, Inc., 1977), p. 31.

상해 보라. "사랑하는 개구리 신이시여…" 그렇게 해서 사고가 자라고 넓어져 더 높은 발달 수준에 이르겠는가?

군이 고대 이집트로 거슬러 올라가지 않아도 충격적인 숭배 사례는 얼마든지 있다. 일례로 지금도 인도에 가면 쥐를 숭배하는 힌두교 분파가 있다. 여러 신전을 봉헌해 쥐를 공경하는데, 신전마다 커다란 쥐 우상이 있고 어쩌면 당연하게도 내부에 실제로 쥐 떼가 들끓는다.

예배의 일환으로 신도들은 곡물을 가져다가 신전에 들끓는 쥐에게 먹인다. 우리라면 쥐와 접촉할 위험을 애써 피하련만 이 분파는 쥐에게 물리는 걸 큰 복으로 여긴다. 신도들의 신앙심이 어찌나 깊은지 저마다 내세에 쥐로 환생하게 해 달라고 기도한다. 생각해 보라. 하나님의 형상대로 지음을 받아 개성과 사고력과 행동 능력을 갖춘 존재에게(시 115:5~8, 롬 1:21~32) 이제 쥐가 되는 게 최고의 목표다.

하나님은 왜 우리에게 그분을 예배하라 하실까? 우리의 품격을 떨어뜨리지 않을 예배 대상이 그분 뿐이기 때문이다. 인간은 만물의 영장으로 창조되었다. 따라서 이 지구상에는 우리의 가치를 높여 줄 예배 대상이 하나도 없다. 무엇이든 피조물을 숭배하면 우리의 존엄성만 추락할 뿐이다.

그래서 무엇 또는 누구를 선택해 예배하느냐에 따라 정신 기능의 발달에 지대한 영향을 미친다. 각자 섬기는 신이 이성과 양심 둘 다의 기능 상태에 직접 영향을 준다. 그러므로 꼭 건강한 형태의 예배를 실천해야 한다. 건강한 예배는 이성과 양심을 고결하고 강건하게 하지만, 해로운 형태의 예배는 이를 왜소하고 허약하게 만든다.

요컨대 우리의 영적 속성은 이성과 양심과 예배로 이루어진다. 이

셋이 사고의 최상위 기능이며, 사고의 다른 모든 요소는 이 영적 속성이 지휘한다.

의지(Thw Will)

하나님은 사고의 다음 기능인 의지를 이성과 양심의 지배하에 기능하도록 설계하셨다. 의지는 사고의 행동 중추(결정권자)로서 실제로 선택을 내리는 부위다. 하나님의 계획대로라면 사고가 작동할 때 의지가 이성과 양심의 지배를 받아야 하지만, 인간은 하나님이 정하신 이 위계에 따르지 않을 때가 많다.

흡연자의 예를 생각해 보라. 그는 흡연이 위험한 이유를 줄줄이 댈 수 있다. 담배를 피우면 폐암과 심장질환과 뇌졸중과 폐기종에 걸릴 위험이 증가하고, 자녀의 건강에도 해로울 수 있으며, 비용과 냄새와 불편함도 가중된다. 그래서 양심상 금연해야겠다는 자각이 들 수 있다. 친구들에게 "애초에 담배에 손을 대지 말았어야 했는데"라고 말할 수도 있다. 그러나 의지적으로 선택해 담배를 버리고 끊지 않으면 흡연은 계속된다.

하나님은 의지가 영적 속성의 지배하에 작동하도록 설계하셨으나 실제로 우리는 늘 그렇지는 못하다. 의지를 구사해 이성과 양심에 어긋나는 행동을 선택하는 사람은 손해를 자초한다. 불안하고 초조하고 어색해진다. 반대로 의지가 이성과 양심의 지휘에 따르면 설령 당장은 달갑게 느껴지지 않더라도 치유가 이루어진다. 내면에 평안과 자신감과 자족감이 찾아온다. 이 내용은 나중에 더 자세히 살펴볼 것이다.

생각(The Thoughts)

사고의 그다음 기능은 생각이다. 생각은 영적 속성과 의지보다 하위에 있다. 날마다 생각하는 평범한 내용이 다 망라되지만, 더 구체적으로 신념, 가치관, 도덕, 상상이 이에 해당한다.

어떤 사람은 즉각 이렇게 항변할 수 있다. "나는 가치관과 도덕이 내 삶과 행동을 지배한다고 늘 그렇게 배웠다. 그러니 가치관과 도덕이 맨 위로 가야 하지 않는가?" 한 가지만 지적하고 싶다. 신념과 가치관과 도덕을 이성이 수정하고 의지가 무시할 수 있다. 하나님을 믿지 않

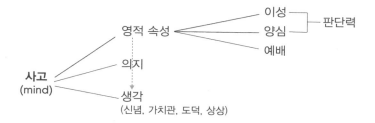

는 사람도 하나님에 대한 새로운 증거와 진리가 제시되면, 그 새로운 사실을 이성으로 따져 보아 자신의 신념을 바꿀 수 있지 않은가? 물론이다! 또 의지적 선택으로 자신의 신념에 어긋나는 활동에 가담하는 사람도 있지 않은가? 역시 물론이다. 상상 역시 이성과 양심과 의지에 종속되어 심사와 지배를 받는다.

앞 문단에 말한 원리는 성숙한 사람에 해당한다. 어린아이나 아직 논리력이 다 발달되지 못한 사람의 경우, 신념의 기초를 제대로 평가하지도 않은 상태에서 이런저런 신념이 사고 속에 들어와 정신적 운영체계 내에 자리를 굳힌다. 사실 우리는 모두 수정이 필요한 신념과 가치관과 도덕을 지닌 채로 성인기에 들어선다. 성인인 우리는 그 내용을 스스로 평가해 사실과 진리로 뒷받침되는 건강한 부분은 다 지키고 어릴 적 사고방식의 잔재는 다 버리거나 고칠 책임이 있다. 바울이 아주 실감나게 잘 말했다. "내가 어렸을 때에는 말하는 것이 어린아이와 같고 깨닫는 것이 어린 아이와 같고 생각하는 것이 어린 아이와 같다가 장성한 사람이 되어서는 어린 아이의 일을 버렸노라"(고전 13:11).

감정(Feelings)

사고의 마지막 기능인 감정은 하나님의 설계에서 맨 하위에 놓인다. 누구나 익숙한 정서의 전체 범위 즉 슬픔, 기쁨, 분노, 행복 등 나머지 모두가 이에 해당한다. 그중에서도 특히 주목해야 할 두 가지 감정이 있다. 하나는 관계 욕구이고 또 하나는 애착이다.

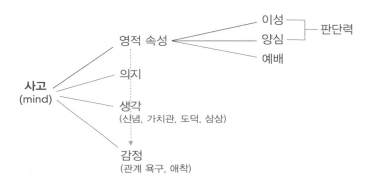

관계 욕구(A Desire for Relationships)

첫째로 하나님은 우리를 창조하실 때 고유의 관계 욕구 또는 충동을 주셨다. 인간은 누구나 관계 속에서 특별해지기를 원한다. 사랑하고 사랑받으며 서로 나누기를 원한다. 이런 관계 욕구는 생물학적으로 프로그램화된 우리 존재의 일부다. 창조주께서 지으신 인간 본성의 일부다.

사고의 이 부분을 영적 속성이 아닌 감정에 포함하는 데 반대하는 사람도 있다. 그들은 하나님이 관계적 존재이신 만큼 그분의 형상대로 지음을 받은 인간도 관계적 존재임을 지적한다. 그 전제에서 출발해 관계 욕구도 영적 속성에 포함해야 한다고 결론짓는다.

그러나 중요하게 알아야 할 게 있다. 하나님의 신성은 자연 전체에 드러나 있는데(롬 1:20), 반려동물이 있는 사람은 누구나 알겠지만, 인간만 아니라 동물도 관계적 존재다. 따라서 관계 욕구가 하나님의 일면을 예시하긴 하지만 그것 때문에 우리가 동물과 구별되지는 않는다. 그러므로 이를 영적 속성의 일부로 생각해서는 안 된다.

반대로 관계 욕구를 이성과 양심과 의지보다 하위에 두어야 한다. 그런 상위 기능이 잠재적 관계의 정보와 정황과 증거를 평가해 그 관계의 가능성을 허락하거나 거부해야 한다. 사실 영적 속성이 관계 욕구를 지배하지 않는다면 인간은 욕망과 육욕대로 움직이는 '이성 없는 짐승'처럼 된다(벧후 2:12).

애착(Affections)

둘째로 살펴보아야 할 중요한 감정은 애착이다. 즉 사람이나 사물에 대한 정, 호감, 깊은 애정이다.

당신이 BMW 신차를 구입했다고 상상해 보라. 친구들에게 어서 보여 주고 싶어 직장으로 찾아간다. 급히 들어가 그들을 데리고 나오는데 똑같은 차가 보인다. 그런데 이 차는 앞쪽 조수석 문이 잔뜩 찌그러져 있다. 당신의 반응은 어떨까? "저런, 안 됐군." 잠깐 그러고는 얼른 돌아서서 열심히 새 차를 자랑할 것이다.

그런데 그 찌그러진 차가 당신의 차라면 어떨까? 느낌이 다르지 않을까? 이게 바로 애착의 한 예다. 마음을 지키라는 성경 말씀은 바로 이를 두고 하는 말이다. 무엇에 애착을 둘지 조심하라. 성령으로 마음의 할례를 받으라는 바울의 말도 해로운 애착을 잘라내고 건강한 애착을 굳히라는 권고다(롬 2:29).

본연의 조화

본래 하나님이 설계하신 사고는 그분을 대면하는 교제에 힘입어 완전히 균형 있게 작동했다. 하나님과 동행하던 아담은 지성적 선택으로 그분의 뜻에 따랐을 뿐 아니라 예배의 법칙을 통해 사고의 모든 면에 그분의 성품이 배어 있었다. 그의 사고는 하나님을 중심에 모시고 이성과 양심에 따라 움직이도록 설계되었다. 이성과 양심이 사실과 정황과 증거를 평가해 가장 적절한 행동이나 노선이나 결론을 정하면, 의지는 그 최선의 행동 방침을 선택했다. 의지는 또 어떤 신념과 가치관과 도덕을 내면화해 실천할지, 어떻게 상상력을 구사할지, 어디에 애착을 둘지, 어떻게 하나님 및 타인과 관계를 맺을지, 그리하여 어떤 성품을 빚을지 등도 선택했다. 그런데 불행히도 아담은 자신의 의지로 한심한 선택을 내렸다. 이 선택의 결과는 나중에 살펴볼 것이다.

그림1의 모델은 본래의 사고 기능, 조직적 위계, 상호관계를 도식화한 것이다. 불행히도 무언가 큰 문제가 생겼다. 오늘날 사고가 하나님의 의도대로 조화롭게 작동하는 사람은 거의 없다. 어떤 파괴적 요소가 사고를 병들게 해 본래의 조화롭고 건강한 정신 기능을 방해하고

있다. 우리의 사고를 뒤틀어 놓는 그 파괴적 요소와 이를 제거하는 방법을 다음 장에서부터 살펴볼 것이다.

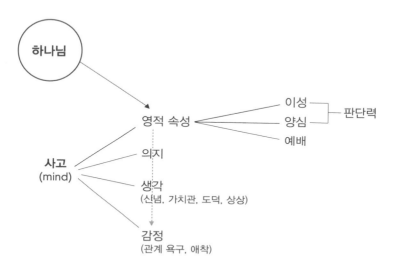

〈그림1. 죄가 들어오기 이전의 사고〉

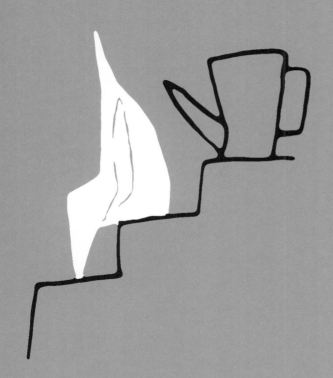

03

내면의 파괴자

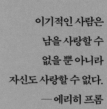

이기적인 사람은
남을 사랑할 수
없을 뿐 아니라
자신도 사랑할 수 없다.
─에리히 프롬

태초에 하나님은 첫 인간(아담)을 그분의 형상대로 창조하셨다. 본래 인간은 유전적, 정신적, 영적으로 완전했다. 순수한 양심과 고결한 이성이 있었고, 하나님을 대면하는 관계 속에서 온전한 예배를 경험했다. 그리하여 사고의 모든 기능이 늘 조화와 균형을 이루었다. 사랑과 자유의 원리가 사고를 지배했고, 이처럼 온전히 균형을 이룬 사고에서 평안과 자족감이 끊임없이 흘러나왔다.

불행히도 이런 온전한 균형은 오래가지 않았다. 인류는 하나님을 향한 신뢰를 저버린 채 자발적 선택으로 그분과의 친밀한 소통을 끊어 버렸다. 그 결과는 참담하고도 즉각적이었다. 사고의 조화로운 균형이 깨지면서 어떤 파괴적 요소가 하나님의 영향력을 몰아냈다. 이제 새로운 원리가 인간의 사고를 지배하게 되었다.

사사로운 이기심이 사랑과 자유를 대신했다. 인간은 본래의 안전감과 정서적 안정을 잃었다. 여태 누리던 평안함이 사라져 두려움과 죄책감에 사로잡혔고, 거기서 자기를 보호하려는 본능이 싹텄다. 아담의 이기적 선택이 있기 전에는 인간의 사고에 두려움이 없었다. 두려움은 인간의 사고를 새로 오염시킨 비참한 정서였다. 하나님을 오판해 그분과 분리된 결과였다. 인간이 더는 행복을 주님께 의지하지 않으면서 적자생존의 원리가 출현했다.

이유 없이 하나님을 향한 신뢰를 저버리고 사리를 추구하기로 선택한 아담은 그 죄에 대해 양심의 가책을 느꼈다. 이 죄책감이 결국 그를 정죄했다. 양심의 손가락질 앞에 죽을 만큼 두려워진 아담은 직접 해결에 나섰다. 이제 그의 사고는 두려움과 의심에 사로잡혔고, 마음을 지배하는 힘도 더는 사랑과 자유가 아니었으며, 자기보호의 원리가 단단히 뙤리를 틀었다. 그 상태에서 아담은 자력 구원에 나섰다. 달아나 숨었다.

그 뒤로 인류는 여태 하나님을 피해 달아나 숨고 있다. 그분을 향한 신뢰는 사라졌고 이제 이기심이 맨 위에 군림한다. 사고의 조화로운 균형이 깨져, 파괴적인 이기심의 원리가 사고 기능을 지배한다. 하나님의 은혜가 아니라면 인류는 망할 수밖에 없다.

사고를 병들게 한 파괴적 요소는 바로 이기심이다. 본래 하나님이 설계하신 사고에는 없던 그것이 감염 인자와 침입자가 되어 사고 기능을 오염시키고 무너뜨렸다. 사고를 치유하시려는 하나님의 계획과 개입이 없다면 인간은 절망적인 상태다.

선천적 자기중심성

정신의학에서도 인간의 이기적인 면을 인지하고 자기중심성이라 칭한다. 이는 후천적이 아닌 선천적 속성이다. 아담이 하나님을 향한 신뢰를 저버리고 자기중심적으로 되었으므로 그의 후손인 온 인류도 생물학적, 유전적으로 태어날 때부터 자기중심적이다. 그래서 다윗은 시편 51편에 "내가 죄악 중에서 출생하였음이여. 어머니가 죄 중에서 나를 잉태하였나이다"(5절)라고 고백했다.

엄마가 잘 쉬고 잘 먹었는지 걱정하는 아이가 몇이나 될까? 하나도 없다. 아기는 자신의 욕구밖에 모른다. 이는 아담에게서 물려받은 우리의 유산이다. 아담을 창조하실 때 하나님은 그에게 아담 자신의 형상을 닮은 존재를 생산할 능력을 위임하셨다. 하나님이 아담을 그분의 형상대로 창조하셨듯이 아담이 죄지은 후에 낳은 자손도 그의 본성과 속성을 그대로 물려받았다. 부모라면 당연히 누구나 알듯이 이런 대물림은 지금도 계속되고 있다.

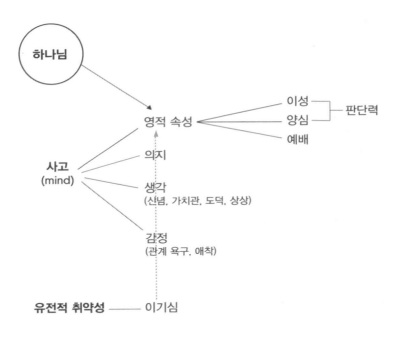

〈그림2. 죄가 들어왔으나 회심하기 이전의 사고〉

이기심의 세 가지 방식

인간은 생물학적 성향인 자기중심성을 크게 세 가지로 표현한다. 요한일서 2장 16절에 그것이 "육신의 정욕과 안목의 정욕과 이생의 자랑"으로 기술되어 있다. 요즘 말로 그냥 감각주의, 물질주의, 이기주의라 할 수 있다. 세 특성의 배합은 사람마다 달라서 그중 어느 게 더 강하거나 약할 수 있다.

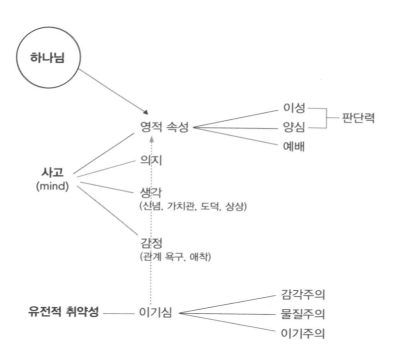

〈그림3. 죄가 들어왔으나 회심하기 이전의 사고〉

기만에 빠진 사고

지그문트 프로이트의 개념에 익숙하다면 알겠지만 사고 중에서 이기심은 그가 말한 이드에 해당한다. 그에게 이드란 유전적으로 프로그램화되어 인간의 발달을 지배하는 섹스 및 공격 욕구였다. 감각주의는 그가 말한 섹스와 동의어로 모든 형태의 육체적 쾌락과 관계된다. 물론 성적 접촉도 이 범주에 들어가지만, 마약, 술, 식탐 등 사실상 모든 감각적 쾌락이 이에 해당한다.

물질주의는 탐욕과 동의어로 남을 희생시켜 물질적 소유를 추구하는 일이며, 이기주의는 남보다 자아를 앞세우는 일이다. 물질주의와 이기주의 모두 공격성 행동임을 강조해 둘 만하다.

이런 원초적 충동을 극복하지 않으면 그것이 자멸을 초래한다. 그런데 프로이트는 인간의 삶에서 하나님이 차지하시는 역할을 인정하지 않았으므로 치료 계획에 그분을 포함할 수 없었다. 그래서 유일하게 남아 있는 논리적 대안을 선택했으니 곧 자아다.

그의 이론은 "이드가 가는 곳에 자아도 따라간다"로 요약된다. 그래서 프로이트의 정신분석 이론은 사고의 눈을 안으로 돌려 무의식적 이드를 통제와 수정과 변화가 가능한 의식 속으로 끌어내는 과정이다. 다시 말해서 정신분석은 사고의 초점을 이기적 욕망—사고의 해로운 감염 요인— 에 맞춘다. 그 욕망을 의식하고 나면 인간이 건강하게 변화될 수 있다는 신념에서다.

기독교적 치료 모델에는 다른 통찰이 더해진다. 예레미야 17장 9절에 보면 인간의 사고가 "만물보다 거짓되고 심히 부패한 것"이니 "누가 능히 이를 알리요"라고 했다. 그래서 우리는 하나님의 도움에 의지해야 한다. 그분의 인도에 힘입지 않고 사고를 이해하려 하면 결국 더 깊은 자기기만에 빠질 수 있다.

치료 과정에서 또 하나 중요한 요인은 예배의 법칙이다. 이 모델링 때문에 우리는 무엇이든 자기가 존경하거나 예배하는 대상처럼 된다. 이상화하는 대상이 인간이든 신이든 관념이든 우상이든 자신도 그것과 비슷해진다. 무엇에든 초점을 맞추는 대로 닮아간다. 자아에 초점을 맞추면 더 자기중심적이 된다. 사고를 길들여 해로운 감염 요인에 집중할수록 그만큼 위험한 파괴력이 더 강해진다.

이런 변화는 성품에만 아니라 생물학적으로도 이루어진다. 생각하고 행동하고 보고 경험하는 내용에 따라 실제로 뇌의 배선이 달라진다. 정말 뇌의 신경망은 끊임없이 가지를 뻗거나 잘라낸다. 생각하고 믿고 존경하고 예배하고 행동하는 우리의 모든 선택이 신경망과 나아가 성품의 최종 발달에 지대한 영향을 미친다. 소프트웨어(사고 내용)가 하드웨어(신경망)를 실제로 바꾸어 놓을 수 있다.

학창 시절에 배웠던 외국어를 생각해 보라. 처음 몇 주 동안은 아주 어려웠다. 한 단어씩 배워서 외우고 발음하느라 고역이었다. 그런데 공부하고 연습해 어휘가 늘면서 결국 발음과 구문도 향상된다. 새로운 언어로 말하는 데 필요한 뇌의 신경망, 세포 수, 세포 간의 접속이 증가한 결과였다.

하지만 졸업 후 그 외국어를 더는 쓰지 않았다면 실력이 어떻게 되었을까? 뇌의 신경망을 계속 쓰면 강해지고 확장되지만, 신경 경로가 한산해지면 결국 퇴화해 소실된다. 뇌 전체에서 그렇다. 그래서 습관을 버리기가 쉽지 않다. 질기고 오래된 습관일수록 신경 경로가 사라지려면 시간과 노력이 더 필요하다.

여기서 이런 질문이 나올 수 있다. "아주 재미있긴 한데 이게 사고의 치유와 무슨 상관인가?" 이게 중요한 이유는 어떤 뇌 신경 회로를 계속 사용할지를 의지적으로 선택할 힘이 우리에게 있기 때문이다. 이런 선택을 통해 하나님과 협력하면 지금 여기서 우리의 성품이 실제로 변화된다. 하나님과 협력해 선택한 길이 이성과 양심으로 판단하기에 가장 건강한 행동이라면, 그분이 우리에게 그대로 실천할 수 있는 능력을 주신다.

흡연자의 예를 생각해 보라. 아무리 해방시켜 달라고 기도해도 막상 작정하고 담배를 치우지 않는 한 흡연은 계속된다. 담배를 버리고 하나님의 도움을 구하면 그분이 충분히 능력을 주신다. 하나님의 능력으로 흡연자는 금단의 고통을 능히 견뎌내고 마침내 흡연 욕구에서 해방된다. 요컨대 시간이 가면서 신경 회로가 변해, 흡연 습관에 감응하던 신경 경로는 점차 퇴화하고 절제를 관할하는 회로는 강해진다.

이렇듯 우리의 행동과 선택은 실제로 뇌 자체에 물리적 변화를 낳는다. 이 사실을 더 입증해 주는 연구가 1999년 9월 〈네이처〉지에 실렸다.[1] 예일대학교와 하버드대학교, 노스웨스턴대학교의 과학자들이 공동으로 시행한 연구 결과, 코카인을 복용하면 뇌가 변화되어 그동안 휴면 중이던 유전자가 활성화된다.

---

1 Max B. Kelz 외, "Expression of the Transcription Factor ØFosB in the Brain Controls Sensitivity to Cocaine," *Nature* 401 (1999년 9월 16일): 272~276.

전원이 꺼져 있던 유전자가 특정한 행동을 통해 실제로 켜져 인간에게 영향력을 행사한다는 뜻이다. 코카인의 경우 활성화된 유전자는 특정한 단백질의 생성을 유발해 코카인 욕구를 더욱 부추긴다.

텔레비전과 예배의 법칙

예배의 법칙(모델링)은 B. S. 센터월(B. S. Centerwall)이 시행한 연구를 통해서도 강력하게 입증된다. 그 결과가 〈미국 의학협회지〉에 게재되었다.[2] 텔레비전 프로그램이 미국의 사회 폭력에 미치는 영향을 알아보고자 센터월은 정교한 연구를 개발해 텔레비전 도입 이전과 이후의 사회 폭력을 비교했다. 폭력의 지표를 명확히 밝혀내고 싶어 특별히 살인율에만 집중했다.

살인율 증가가 손쉬운 총기 구입 때문일 수도 있다는 반론을 피하고자 그는 미국의 살인율을 비슷한 서구 국가지만 총기 규제가 엄격한 캐나다의 살인율과 비교했다. 끝으로 이 두 나라의 정보를 1970년대까지 텔레비전이 허용되지 않았던 남아프리카공화국의 통계와 비교했다. 그 외에도 그는 남아공의 백인 대 백인 살인만 집계하는 신중성을 더해, 인종차별 정책이 연구 결과에 미칠 수 있는 영향을 배제했다. 연구 결과는 가히 충격적이었다.

---

2 B. S. Centerwall, "Television and Violence," *Journal of the American Medical Association* 267 (1992): 3059~3063.

TV가 도입된 후로 1945년부터 1974년까지 미국의 살인율은 93% 증가했다. 같은 기간에 캐나다의 살인율도 92% 증가했다. 그런데 1970년대까지 TV가 없었던 남아공의 살인율은 1945년부터 1974년까지 7% 감소하다가 1975년에 텔레비전이 도입되고 나서 놀랍게도 130%나 증가했다.

2004년 4월에 전문 학술지 〈소아과학〉에는 텔레비전을 시청하는 아이일수록 주의력결핍장애에 걸릴 위험이 크다는 놀라운 연구 결과가 발표되었다. 텔레비전을 시청하는 시간의 양이 아이의 뇌를 바꾸어 놓는다![3]

그밖에도 많은 연구의 비슷한 결과를 바탕으로 미국 소아과학회는 2세 미만의 아이에게는 프로그램 종류와 관계없이 텔레비전 시청을 일절 금하고 더 큰 아이들에게도 엄격히 제한할 것을 권고했다. 시청하고 바라보고 존경하고 예배하고 믿는 내용은 분명히 우리의 됨됨이에 중대한 영향을 미친다.

몸이 사고에 미치는 영향

사고의 제반 기능은 몸이 건강할 때 최고의 기량을 발휘한다. 사고와 몸은 분리되어 있지 않다. 사고가 몸에 미치는 영향은 이미 살펴보

---

3 D. Christakis 외, "Early Television Exposure and Subsequent Attentional Problems in Children," *Pediatrics* 113, no.4 (2004): 708~713.

았거니와 몸도 사고 기능에 분명히 영향을 미침을 명심해야 한다. 몸이 병나면 사고도 효율성이 떨어진다. 예컨대 독감에 걸려 열이 40도에 육박할 때 기말고사를 치르고 싶은 사람이 누가 있겠는가?

뇌 조직도 고장날 수 있다

사고를 논할 때 잊지 말아야 할 게 있다. 신체장애는 사고 기능을 저하시킨다. 인류는 하나님에게서 떨어져 나오면서 이기심으로 사고만 쇠약해진 게 아니라 뇌도 질환과 물리적 결함에 취약해졌다.

알츠하이머병, 뇌졸중, 조현병, 기타 장애는 물리적 뇌 자체(하드웨어)에 영향을 미쳐 결국 사고 기능을 저하시킨다. 그래서 건강을 회복하려면 때로 생물학적 개입(하드웨어 치료)이 필요하다. 하지만 사회적, 심리적, 영적 개입(소프트웨어 치료)이 필요할 때도 있다. 그래서 정신의학은 아주 도전적이고도 흥미롭다.

정신과 의사로서 나는 약으로 환자의 생화학 구조를 안정시킬 때가 많다. 유전적, 환경적 결함이 뇌에 미치는 영향을 약으로 최소화할 수 있다. 그런데 나를 찾아오는 그리스도인 환자 중 일부는 투약에 반감을 느끼며, 정신과 계통의 약을 먹으면 죄책감마저 느낀다. 약을 먹는다는 이유로 선의의 친구로부터 비판받은 사람도 많다.

내가 환자들에게 일깨워 주듯이 아담이 은혜를 등지고 타락한 이후로 우리 DNA 속에 유전적 결함이 들어왔다. 인류에게 질병과 죽음이 찾아왔다. 그래서 우리 뇌는 아담이 처음 지음을 받았을 때만큼 고성능이 아니다. 뇌세포의 분자 구조와 기능이 실제로 다양한 결함을 일으킬 때가 많다. 컴퓨터 하드웨어에 해당하는 우리 사고가 간혹 고장을 일으킬 때, 약을 쓰면 때로 하드웨어 기능이 개선될 수 있다.

근래에 〈미국 정신의학 저널〉에 발표된 한 연구 결과가 단적인 예다.[4] 마이클 이건(Michael Egan) 박사 팀이 밝혀낸 바에 따르면 22번 염색체에 임의의 유전자 돌연변이가 하나만 있어도 기억 기능이 달라진다.[5] 이때 약을 쓰면 생물학적 부전이 보완되고, 해로운 감정의 강도가 약해지고, 뇌의 효율성이 향상될 수 있다. 그 결과 이성과 양심이 힘을 얻어 사고 과정에 균형을 되찾기가 더 쉬워진다.

몸과 사고의 관계를 인식함과 아울러 건강한 생활의 중요성도 기억해야 한다. 건강한 생활양식은 정신 상태에 직접 영향을 미친다. 몸이 건강할수록 사고도 더 효율적이고 건강해지기 때문이다. 반대로 해로운 생활양식은 건강한 뇌 기능을 저해하므로 그대로는 정신적 잠재력을 충분히 발휘할 수 없다. 성경에 건강과 관련된 율법이 나오는 이유도 그래서다. 하나님은 자기 백성의 사고가 최대한 건강하기를 원하시는데, 그렇게 되려면 몸이 최대한 건강해야 한다.

---

4 M. Egan 외, "The Human Genome: Mutations," *American Journal of Psychiatry* 159, no.1 (2002): 12.

5 뇌는 복잡한 망상(網狀)으로 배열된 수십억의 신경세포(뇌세포)로 이루어져 있다. 각 뇌세포 간의 소통은 신경전달물질이라는 화학 신호를 보냄으로써 이루어진다. 신호를 보내는 세포는 신경전달물질을 방출한 뒤에 즉시 (진공청소기 같은) 재흡수 펌프를 가동해 신경전달물질을 빨아들여 다시 정비해서 쓴다. 재흡수 펌프가 드문 뇌 부위에는 일부 방출된 신경전달물질이 세포 바깥에 유체(流體)로 잔재한다.

이때 뇌의 지정된 효소가 잔여 신경전달물질을 제거해 과부하나 침전물을 예방한다. 사고와 논리 전개가 이루어지는 뇌 부위는 이마 바로 뒤쪽의 전전두피질이다. 이 부위는 재흡수 펌프가 적은 편이라서 활성화된 후에 세포 바깥에 잔재하는 신경전달물질이 더 많다. 도파민이라는 특정한 신경전달물질은 예리한 사고와 생생한 기억에 중요하다. 도파민을 분해하는 효소를 카테콜-O-메틸전이효소(catechol-O-methyltransferase, COMT)라 하며, COMT를 생성하는 유전자는 22번 염색체에 위치한다. 이건 박사 팀이 밝혀낸 바에 따르면 22번 염색체에서 COMT를 생성하는 유전자에 이미 임의의 돌연변이가 발생해 인간의 유전자 풀 안에 들어와 있다. 그래서 이 유전자의 유전 형질이 두 가지로 나타날 수 있다. 하나는 유전자의 108번 부위에 아미노산 발린이 있고, 또 하나는 같은 부위에 아미노산 메티오닌이 있다.

모든 인간은 부모 각자로부터 하나씩 두 벌의 염색체를 받았으므로 메티오닌/메티오닌, 메티오닌/발린, 발린/발린이라는 세 가지 유전자 조합이 존재할 수 있다. 흥미롭게도 메티오닌 유전자를 지닌 COMT는 열에 민감해 체온 상태에서 활동이 둔화된다. 따라서 메티오닌/메티오닌이나 메티오닌/발린 조합인 사람은 발린/발린 조합인 사람보다 COMT의 활동이 둔화되다 보니 자연히 전전두피질의 도파민 수치는 더 높아진다. 기억력을 시험한 결과, 발린/발린 조합인 사람은 메티오닌 유전자인 사람보다 단기 기억에서 점수가 낮았다. 또 메티오닌/메티오닌 조합인 사람이 메티오닌/발린 조합인 사람보다 점수가 높았다. 이 연구에서 입증되듯이 유전자 돌연변이가 하나만 있어도 뇌의 화학 구조에 직접적 영향을 미쳐 결국 기억 기능이 달라진다.

04

어긋난 균형

2~3장에서는 사고의 본래 위계 구조를 모델로 정리했고, 어떻게 이기심이라는 해로운 요인이 사고를 병들게 했는지 살펴보았다. 이번 장에서는 사고가 본래의 설계와 달리 역순으로 작동할 때 어떤 일이 벌어지는지 알아보려 한다. 이기적 욕심에 지배권을 내줄 때 나타나는 결과는 무엇일까? 아울러 균형을 회복해 사고를 치유하는 법도 계속 탐색할 것이다.

처음 엄마가 된 사람

당신이 처음 엄마가 되었다고 상상해 보라. 첫 아이를 낳은 지 일주일이 지났다. 남편이 이번 주에 출장을 떠나 갓난아기랑 단둘이 집에 있다. 아침 일찍 일어나 아기를 돌보고 온종일 집안을 치우다가 밤 11시 반에 녹초가 되어 쓰러진다.

새벽 2시에 아기가 기저귀도 젖고 배도 고파 울기 시작한다. 감정대로라면 자리에서 일어나 아기를 돌보고 싶은가? 아니다. 하지만 얼른 이성이 아기의 욕구와 당신의 책임을 일깨우고 양심도 당신의 의무를 지적한다. 당신은 그야말로 의지적으로 몸을 일으켜 젖도 먹이고 기저귀도 갈아 준다. 그러고는 다시 누워 아침까지 잔다.

아침에 일어나면 자신이 어떻게 보일까? 잘했다는 만족감이 든다. 엄마로서 약간 뿌듯할 수도 있다. "난 정말 좋은 엄마야." 당신의 자존감이 조금 높아지고 자신감도 더 붙는다. 전체적 행복감이 깨지지 않는다.

이번에는 이성과 양심에 따르지 않고 우선순위를 뒤집어 감정에 지배권을 내주어 보자. 새벽 2시에 아기가 운다. 감정대로 당신은 일어나지 않는다. 돌아누워 베개에 얼굴을 묻고는 나도 얼마든지 쉴 자격이 있다고 되뇐다. 잘 쉬고 나면 아침에 더 좋은 엄마가 될 거라고 우겨도 본다. 아침에 일어나 보니 아기는 밤새 젖고 배고픈 몸으로 우느라 초주검이 되어 있다. 이제 자신이 어떻게 느껴질까? 죄책감과 수치심이 차오르지 않을까? 그런 감정을 견딜 수 없어 애꿎은 아기를 나무랄지도 모른다. "이게 다 너 때문이야. 너만 아니었으면 이 지경이 되지는 않았다고." 당신의 자존감과 자부심은 어떻게 될까? 평안과 행복감이 더 깊어질까?

의지의 통제권을 감정에 내주면 결과는 늘 파멸이다.

응원단원 여학생

고등학교 풋볼팀의 16세 된 응원단원을 생각해 보라. 그녀는 팀의 주장을 눈여겨보고 있다. 그가 지나갈 때마다 눈에 띄려고 더 높이 뛰며 더 큰 소리로 응원한다. 마침내 그가 알아보고 데이트를 청한다. 그런데 데이트 첫날 그가 그녀의 순결을 범하려 한다. 그녀의 이성과 양심이 일제히 "안 돼, 싫어. 난 이런 여자가 아니야"라고 외친다. 하지만 감정은 애매하게 헷갈린다. "그가 나한테 화내는 건 싫어. 날 좋아해 주었으면 좋겠어. 거부당하고 싶지 않아." 그녀는 사랑받고 싶고 거부 당할 게 두려워 그냥 응하고 싶어진다.

이성과 양심에 따라 거부한다면 그 순간 홀로 차 안에서 그녀의 기분이 어떨까? 어색하고 불편하고 불안하고 긴장되지 않을까? 하지만 앞으로 한 주, 한 달, 한 해 동안 자신이 어떻게 느껴질까? 자존감이 높아질까 낮아질까? 반대로 감정에 이끌려 그의 욕망을 채우도록 잠자코 응한다면 그녀의 자존감과 자부심과 자신감은 어떻게 될까? 모두 낮아질 것이다. 감정이 지배하면 결과는 늘 혼란과 파멸이다.

잠시 당신의 삶을 돌아보며 가장 후회되는—되돌리고 싶거나 없었으면 좋았을 뻔한—행동 10가지를 떠올려 보라. 그중 사실과 정황을 이성과 양심으로 따져 본 후에 나온 행동이 몇이나 되는가? 감정에 기초한 행동은 몇이나 되는가? 여태 내게 이 질문을 받은 사람은 예외 없이 전원 후자가 대부분이라고 시인했다.

어느 목사의 부인

이 두 비유에서 보듯이 감정이 지배하면 자존감과 자부심과 자신감에 참담한 영향을 입는다. 그런데 이런 악영향의 원인이 꼭 감정이 지배해서가 아니라 도덕에 어긋났기 때문이라고 항변할 사람도 있다. 감정이 결정을 지배해도 그 결정이 도덕에 어긋나지만 않으면 나쁠 게 없다는 논리다. 당신도 그렇게 생각한다면 에설(Ethel)의 사연을 생각해 보라.

이 여자는 만성 우울, 낮은 자존감, 정서 불안 등으로 내게 도움을 청해 왔다. 근처 교회의 목사 부인인지라 내게 치료받기를 부끄러워했다. 이들 부부는 30년 가까이 사역하며 여러 교회에서 섬겼다. 고민하는 교인을 많이 상담해 준 목사 부인이 정작 자기 마음의 평안을 얻지 못하고 있었다.

그녀는 종교적인 가정에서 엄하지만 자애로운 부모의 양육을 받았다고 했다. 어렸을 때 가정에서 이렇다 할 학대를 당한 적은 없지만, 부모가 행실을 엄격히 규제하면서 자신들의 철저한 이상에 어긋나는 행동이면 무조건 혼냈다. 그들은 딸에게 스스로 생각하거나 질문하도록 격려한 적이 한 번도 없고, 그냥 부모와 하나님의 지시대로만 하라고 했다.

어려서부터 비판에 극도로 민감해진 그녀는 늘 어떻게든 남에게 인정받고 받아들여지고 싶었다. 그러다 보니 자기 생각을 밝히거나 주장을 펴기가 거의 불가능했다. 행여 남의 심기를 건드려 거부당할 게 두려웠다.

에설은 상냥하고 참을성 있고 너그러웠으며 대체로 모두의 사랑과 존경을 받았다. 교인 중 누구도 그녀가 무례했거나 불친절했던 때를 떠올릴 수 없었다. 그런데 이 여자는 외롭고 우울했다. 외톨이처럼 인정받지 못한다고 느껴졌다. 오랜 세월 남을 섬기며 나름대로 하나님의 뜻대로 살아왔는데 왜 늘 만성 불안과 낮은 자존감에 시달려야 하는지 이해할 수 없다고 했다.

상담 중에 에설이 들려준 한 사건을 통해 그녀의 삶의 근원적 문제가 드러났다. 그녀는 인근 대학에서 강의를 몇 개 듣고 있었는데 목요

일에 기말고사가 있었다. 그래서 그 주의 수요일 저녁을 마지막 시험 공부 시간으로 미리 떼어 놓았다. 그런데 화요일에 교회 오르간 반주자인 도리스(Doris)가 전화해 사정이 생겼다며 수요 예배 반주를 대신 맡아 주겠느냐고 물었다.

에셀의 이성과 양심이 즉각 내린 결론은 수요일 밤에 공부해야 하므로 오르간 반주를 맡고 싶지 않다는 것이었다. 하지만 동시에 감정이 그녀를 삼킬 듯 휘몰아쳤다. "도리스가 나한테 화내는 건 싫은데. 나를 좋아해 주었으면 좋겠거든. 내가 남편의 교회 사역을 잘 내조하지 못한다고 생각할지도 몰라." 거부당할 게 두렵고 남의 눈이 의식되어 그녀는 공부 계획을 취소하고 반주를 맡기로 했다.

에셀의 자존감과 자부심과 자신감은 어떻게 되었을까? 모두 뚝 떨어졌다. 오르간 반주가 부도덕한 일이어서가 아니다. 사실 동기만 옳다면 그 일은 아주 건강한 활동이다. 자존감이 곤두박질친 이유는 결정의 근거를 진리와 사실에 두지 않고 두렵고 불안한 감정에 두었기 때문이다. 그녀는 자신의 판단에 역행해 두려움과 정서 불안에 통제권을 내주었다. 그래서 스스로 나약하고 우유부단하게 여겨졌고, 그 결과 자신을 존중하는 마음을 잃었다.

다행히 에셀은 해로운 결정을 내리는 자신의 고질적 습성을 금세 알아차렸다. 오랜 세월 그녀는 최대한 이성적이고 건강한 생각을 바탕으로 반응한 게 아니라 무조건 남의 비위에 맞추려 했다. 알고 보니 자신에게 독자적 사고력이 길러지지 않아 남의 생각대로 끌려다니고 있었다. 그러니 자존감이 낮아졌고 그럴수록 더 남의 인정에 매달리는 악순환이 이어졌다. 아울러 거부당할 게 더욱더 두려워지니 두려움에 기초한 결정이 더 잦아졌고 자존감은 더 떨어졌다. 그러던 에설이 이제 남의 불만이나 실망을 감내하기 시작했고, 심플하게 그들도 이성적이고 건강하다고 생각했기 때문에. 이성적이고 건강한 결정을 내렸다. 그러자 자존감과 자부심이 점차 살아났다.

무엇이 이런 변화를 가능하게 했는가? 모든 진리의 근원이신 하나님이 그녀의 사방에 진실을 비추어 주셨다. 그러나 진실을 깨달아 적용하지 않으면 아무 소용이 없다. 이제 에설은 이성과 양심을 구사해

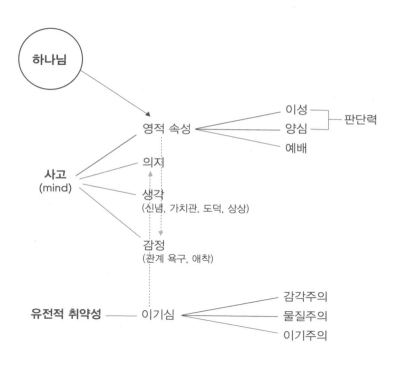

〈그림4. 죄가 들어오고 회심한 이후의 사고〉

스스로 생각하고 결론을 내렸다. 진실을 찾아 자신의 삶에 적용했다. 남이 어떻게 생각하든 스스로 의지를 구사해 행동하고 선택했다. 다시 말해서 그녀는 자신의 두려움과 상처와 외로움과 인정 욕구를 인식하면서도, 그런 감정에 계속 굴하면 문제가 지속될 뿐임을 깨달았다. 그런 감정에 계속 굴하면 진실을 거부하고 치유를 막을 뿐이다. 이 싸움을 도식으로 그려 보면 그림4와 같다.

감정이 없는 척해야 할까?

나를 찾아오는 환자 중에는 의지의 통제권을 이성과 양심에 맡기기를 몹시 힘들어하는 사람이 많다. 감정이 그만큼 강한 데다 평생 감정에 의지해 결정을 내렸기 때문이다. 옳게 느껴지지 않는 한 옳지 않다는 말도 그들에게서 자주 듣는다. 절망감에 젖어 "감정이 없는 척해야 합니까?"라고 묻기도 한다.

천만의 말이다. 갓난아기를 둔 엄마의 비유를 기억하는가? 다시 새벽 2시의 아기 곁으로 돌아가 보자. 이번에는 아기가 우는 게 아니라 전화벨이 울린다. 친한 친구가 심야 영화를 보러 나왔다며 당신도 나오라고 한다. 당신의 감정이 얼른 "안 돼! 난 자야 해!"라고 외친다. 즉시 이성이 그 감정을 정황에 비추어 검토한다. 여기에 떳떳한 양심까지 어우러져 당신은 친구의 제의를 사양하고 자신의 감정을 충족시켜도로 잠자리에 든다. 하지만 보다시피 이 상황에서도 통제권은 감정에 있지 않다. 이성과 양심이 사실과 증거와 진리에 기초해 결정을 내린다. 현 상황을 고려해 가장 이성적이고 적절한 결정이다.

내가 환자들에게 일깨워 주듯이 감정은 데이터요 정보다. 이성과 양심으로 그 정보를 평가한 뒤에 행동으로 넘어가야 한다. 이때 행동의 근거는 단순히 감정 자체가 아니라 그 감정에 연관된 사실, 증거, 진리, 정황이다.

감정은 우리를 속일 수 있다!

나를 처음 찾아올 때 사실상 모든 환자가 모르는 사실이 있다. 감정은 우리를 속일 수 있다! 옳게 느껴지면 옳을 수밖에 없다고 착각하는 사람이 너무 많다. 그러나 신약성경 야고보서 1장 13~14절에 보면 "사람이 시험을 받을 때에 '내가 하나님께 시험을 받는다' 하지 말지니 하나님은 악에게 시험을 받지도 아니하시고 친히 아무도 시험하지 아니하시느니라. 오직 각 사람이 시험을 받는 것은 자기 욕심(또는 감정)에 끌려 미혹됨이니"라고 되어 있다. 이 본문이 가르쳐 주듯이 우리는 감정 때문에 길을 잃을 때가 가장 많다.

앨리스(Alice)는 절박한 상태로 첫 면담에 나왔다. 보기 흉하게 곱슬곱슬한 금발 머리가 사방으로 뻗쳐 있었고 화장은 너무 진했다. 약간 과체중인데 청바지가 너무 꽉 끼었고 몬스터트럭 그림으로 반짝이 장식을 한 티셔츠가 확 튀었다. 선홍색 매니큐어에 립스틱은 입술 선 너머로 퍼져 있었다. 양손에 반지를 적어도 일곱 개씩 끼었고, 오른쪽 눈 위로 눈썹 고리 두 개가 까딱거렸으며, 양쪽 귀 가장자리로 장식 귀걸이가 줄줄이 박혀 있었다. 담배 냄새를 풍기는 그녀는 50세쯤으로 보였으나 실제는 37세였다.

처음 몇 회 동안에는 하도 여러 주제, 여러 문제를 왔다 갔다 하는 통에 그녀의 말을 따라가기가 힘들었다. 한 문제를 다루려 할 때마다 그녀는 즉시 여러 문제를 늘어놓으며 정신없이 무력감과 절망감을 쏟아냈다. 그녀의 삶은 초점 없이 어수선했고 일말의 절제도 보이지 않았다. 무조건 감정이 끌리는 대로 행동했다. 세 번째로 결혼했고 자녀가 셋인 그녀는 삶이 불행하게 느껴졌으나 어떻게 개선해야 할지 전혀 몰랐다. 자존감이 극도로 낮고 만성 열등감에 시달렸으며, 한시도 마음이 평안했거나 행복했던 때를 떠올릴 수 없었다.

내가 사고의 위계로부터 시작해 감정 대신 사실에 기초한 결정의 중요성을 설명해 주자 앨리스는 원리를 깨닫고 조금씩 차도를 보였다. 그런데 본격적인 개선이 막 시작될 무렵에 하마터면 모든 게 수포가 될 뻔했다.

하루는 그녀가 절친한 친구의 남편을 향해 끌리는 마음을 털어놓았다. 그와 꼭 바람을 피우고 싶다고 면담 내내 몇 번이고 되풀이해 말했다. "기분이 아주 좋을 것 같거든요, 박사님." 그래서 나는 현실에 근거해 몇 가지 질문을 던졌다.

"당신이 친구 남편과 바람을 피우면 남편에게 좋을까요?"

"아니죠."

"절친하다는 그 친구에게는 좋을까요?" 역시 아니라는 답이 나왔다. "당신의 자녀, 친구의 자녀에게는 좋을까요? 결국, 당신과 그 남자에게 좋을까요?" 매번 그녀는 마지못해 아니라고 답했다.

이제 본인도 양자택일해야만 함을 깨달았다. 그녀는 이성과 양심의 판단대로 가장 건강한 사실을 받아들여 외도를 물리칠 수도 있었고,

아니면 감정에 이끌려 부적절한 관계에 빠지기로 선택할 수도 있었다.

　바람을 피운다면 그녀의 자존감과 자신감과 자부심은 어떻게 될까? 기분은 어떻게 변할까? 앨리스는 고민하다가 결국 이성과 양심을 따르는 쪽을 택했다. 외도를 물리치기로 의지적으로 결정했다. 그러자 놀랍게도 그 남자에게 끌리던 감정이 2주만에 완전히 사라졌고, 자신감 수위도 계속 높아졌다.

05
자유의 법칙

남에게 지시할 권리를
타고난 사람은 아무도 없다.
자유는 하늘의 선물이다.
인간이란 종의 모든 개체는
이성을 향유하는 순간부터
자유를 향유할 권리도 있다.
—드니 디드로

조니(Joni)는 겁먹은 아이처럼 보였다. 상처에 위로와 도움을 바라면서도 두려워 손 내밀지 못하고, 다시 상처받을까 봐 공포에 질린 모습이었다. 손이 불안하게 떨렸고, 허공을 떠도는 어두운 눈빛은 내 시선을 피하려는 게 역력했다. 인상적인 생김새의 23세 여성이었는데, 고통과 두려움의 벽 안쪽에 어린아이 같은 순수의 흔적이 얼비쳤다. 말할 때도 불안하게 떨리는 목소리로 가만가만 주저하는 말투였다. 복도를 지나 내 사무실로 그녀를 안내하면서 이런 생각이 들었다. '무슨 말을 하려나? 무슨 고민이 저리도 깊을까? 왜 이렇게 겁먹고 불안해 보일까?'

상담실에 들어서자마자 그녀는 주저앉아 울음을 터뜨렸다. 울먹이며 하는 말이 한때는 자신이 사교적이고 발랄한 아가씨였고, 주말에 친구들을 모아 놀러 가거나 학교에서 발표하는 일쯤 식은 죽 먹기였다고 했다. 졸업반 학생회장이었다고 말할 때는 옅은 미소까지 띠었다. 인기 많고 활력적이고 놀기 좋아하던 그녀였으나 고등학교에서 사귄 애인과 열아홉 살에 결혼하면서 모든 게 달라졌다. 처음 몇 달 동안은 관계가 완벽해 보였으나 신혼여행 직후부터 남편이 술을 마시기 시작하더니 시간이 갈수록 점점 더 요구와 비판과 통제를 일삼았다.

그는 친구와 외출하고 싶다는 조니를 매번 막았고, 자신의 요구에 저항하려 하면 적의를 품고 위협했다. 또 아무 때나 자기 마음이 동하면— 조니가 무엇을 하고 있든 상관없이—그 자리에 옷을 벗고 누우라고 지시해 자신의 성욕을 채웠다. 결국, 그녀는 저항을 그만두고 언제고 그의 명령에 굴했다.

나를 찾아왔을 즈음의 조니는 우울과 혼란과 불안과 회의와 두려움과 불행과 절망에 빠져 있었다. 충격적으로 변해 버린 결혼생활에 완전히 의기소침해져 있었다. 그녀는 대책은커녕 무엇이 문제인지도 몰랐다. 이 우주에는 하나님이 친히 제정하신 자유의 법칙이라는 법이 존재한다. 이는 무슨 규정이나 법 조항도 아니고 어느 막강한 군주의 자의적 명령도 아니다. 오히려 중력의 법칙처럼 우주적 실재다. 중력의 법칙을 생각해 보라. 그 법칙은 당신이 몰라도 작동하고, 당신이 믿지 않아도 효력이 발생한다. 심지어 법칙의 존재 자체를 부인할 수도 있다. 하지만 승강기를 타고 고층 건물 꼭대기에 올라가 중력의 법칙 같은 건 존재하지 않는다고 외친 뒤 뛰어내린다면, 금세 당신은 여태 실재를 부인하던 그 법칙의 관할권 내에 들어간다. 중력의 법칙을 어기면 반드시 결과가 따른다. 우리 쪽에서 그 결과를 예상하든 말든 상관없다.

자유의 법칙도 비슷하게 작동한다. 우리 쪽에서 이 법칙을 믿거나 알거나 인정하든 혹은 그렇지 않든 상관없다. 자유의 법칙도 어기면 반드시 해로운 결과가 따르는데 그 방식이 너무도 뻔하다.

자유 없는 청혼

이상형 남자와 연애하는 어느 숙녀의 경우를 상상해 보라. 서로 안 지 몇 달 지난 어느 날 남자가 여자를 특별한 식당으로 데려가 감미로운 배경 음악이 흐르는 정원을 다정히 함께 걷는다. 이윽고 그가 무릎을 꿇고 청혼한다.

중요한 결정인지라 숙녀는 답하기 전에 잠시 생각할 시간을 청한다. 그러자 즉답을 듣지 못해 불안해진 남자는 주머니에서 권총을 꺼내 여자의 머리에 겨누며 말한다. "이봐, 나는 너에게 데이트를 신청해 그동안 꽃과 선물을 사 주었어. 시간과 돈도 썼어. 그러니 나랑 결혼하는 게 좋을걸. 나를 사랑하는 게 좋을걸. 그렇지 않으면 이 자리에서 너를 쏘아 버릴 테니까."

숙녀의 마음은 어떻게 될까? '드디어 내가 기다리던 강한 남자를 만났구나!' 그런 생각이 들까? 천만의 말이다. 알다시피 그런 대우는 두려움과 반감과 혐오감을 유발해 결국 반항심을 낳는다. 그녀는 한시라도 빨리 그에게서 벗어나고 싶을 것이다.

이 예화는 자유의 법칙을 위반할 때 우선 발생하는 두 가지 뻔한 결과를 보여 준다. 어디서든 어떤 상황에서든 자유를 침해당하면 항상 사랑이 파괴되고 반항심이 싹튼다.

강요된 라자냐

남편이 좋아하는 특별한 라자냐 요리로 그를 놀라게 해 주려는 아내를 생각해 보라. 준비 작업에만 몇 시간을 들인 그녀는 그가 집에 도착할 때에 맞추어 요리되도록 라자냐를 오븐에 넣는다.

그런데 남편이 퇴근길에 아내에게 전화해 이렇게 통보한다. "오늘 직장에서 아주 힘들었소. 라자냐를 먹고 싶으니 당장 부엌으로 가 요리하시오. 내가 도착할 때 준비되어 있는 게 좋을 거요." 그러고는 대답을 기다리지도 않고 전화를 끊어 버린다.

이 아내에게서 어떤 반응이 나올까? 라자냐는 이미 오븐에서 익는 중이다. 하지만 이제 그 요리를 내다 버리고 싶지 않을까? 남편에게 침해당한 자유가 반항적 반응을 유발하지 않을까? 자유가 침해될 때마다 사랑은 죽고 반항심이 싹튼다.

"콜라로 주세요"

이번에는 부부가 식당에 간다고 상상해 보라. 웨이터가 음료수를 무엇으로 하겠느냐고 묻는다. 당신이 "콜라로 주세요"라고 답하자 배우자가 얼른 "콜라는 안 돼요. 우유로 갖다 주세요"라고 고쳐 준다. 당신의 반응은 어떨까? 이렇게 자유를 침해당한 결과로 사랑이 더 깊어질까 줄어들까? 배우자에게 더 정감이 갈까, 아니면 정나미가 떨어질까?

자유의 법칙을 어긴 결과는 항상 똑같다. 사랑이 파괴되고 반항심이 유발된다. 유일한 변수는 정도 차이다. 자유의 침해가 클수록 결과도 더 참담해진다. 중력의 경우 10cm 높이의 난간에서 떨어지면 혹 발목을 삐는 정도지만 12m 높이의 건물에서 떨어지면 죽을 가망성이 높다. 양쪽 다 중력의 법칙이 작용하지만 유일한 변수는 피해가 발생하는 정도다.

하나님은 왜 그렇게 큰 힘을 쓰셨을까?

자유를 침해해서는 사랑이 회복되지 않음을 하나님은 갖은 애를 써서 우리에게 예증해 주셨다. 한번은 그분이 홍수라는 무력으로 온 세상을 멸하신 적이 있다(창 6~11장). 엄청나게 힘을 쓰셨지만 그래서 인류가 충정을 바쳤던가? 인류와의 연합이 회복되었던가? 홍수 후에 왜 사람들이 바벨탑을 쌓았는가? 하나님의 존재를 믿지 못했거나 다시는 세상을 멸하지 않으실 그분을 신뢰하지 못해서였다.

하나님은 힘으로 이집트의 장자를 죽이셨고(출 11:1~12:30) 바로의 군대를 바다에 수장하셨다(출 14:23~28). 주님이 시내 산에서 우레로 혁혁한 능력을 과시하시자 이스라엘 온 자손이 무서워했다(출 20:18~19). 하나님이 이런 식으로 그분의 위력을 입증하셨을 때 연합이 회복되었던가? 아니면 오히려 반항심에서 금송아지를 숭배하는 일이 뒤 따랐던가(출 32:1~8)?

갈멜산에서 엘리야의 기도로 하늘에서 불이 내려오자 모든 백성이 엎드려 "여호와 그는 하나님이시로다. 여호와 그는 하나님이시로다"라고 외쳤다(왕상 18:39). 하지만 그토록 장엄하게 힘이 과시된 뒤로 이스라엘 백성은 무궁한 충절로 신실하게 반응했던가? 아니면 오히려 반항과 우상숭배를 되풀이했던가(이사야, 예레미야, 아모스, 호세아, 미가의 선지서를 참조하라)?

하나님은 선지자 스가랴를 통해 "이는 힘으로 되지 아니하며 능력으로 되지 아니하고 오직 나의 영으로 되느니라"(슥 4:6)라고 말씀하신다. 그렇다면 성령은 어떻게 역사하실까? 사랑과 진리와 자유를 통해 역사하신다. 하나님은 사랑으로 진리를 계시해 주신 뒤 우리 스스로 결론을 내리도록 자유롭게 두신다(엡 4:15). 바로 그 방법으로 우리 마음을 얻으신다.

사랑은 자유가 필요하다

루시퍼가 반항했을 때(참조 사 14장, 겔 28장) 하나님은 힘으로 그 천사에게 복종을 강요하지 않으셨다. 무력으로 벌하여 멸하지 않으셨다. 오히려 힘을 절제하셨다. 그분의 방법과 원리에 어긋나기 때문이다. 전능하신 하나님은 강요가 더 심한 반항을 조장할 뿐임을 아신다. 강요로는 연합과 조화와 사랑이 회복되지 않는다. 사랑은 자유가 필요하다.

긴급 조치

힘과 능력으로 하나님의 목표인 연합을 이룰 수 없는데 왜 구약에서 그분은 그렇게 큰 힘을 쓰셨을까? 과거에 힘을 동원하실 때 하나님은 오해받을 큰 위험을 무릅쓰셨다. 사랑이 클수록 긴급 상황에서는 큰 위험을 무릅쓴다. 이런 긴급 조치를 자유의 법칙을 어긴 일로 착각해서는 안 된다.

조지아주 북서부에 있는 클라우드랜드(Cloudland) 캐니언 주립공원은 가파른 협곡 꼭대기에서 내려다보이는 절경에서 딴 이름이다. 당신

가족이 거기로 여행을 갔다고 상상해 보라. 자녀들이 웃으며 놀던 중에 아들이 벼랑 쪽으로 날아가는 프리스비를 쫓아가는 게 당신의 눈에 띈다. 이때 당신은 어떻게 할까? 소리를 지르지 않을까? 물론이다. "멈춰. 벼랑이야!"라고 외친다. 그런데 아들은 너무 몰입한 나머지 그 말을 듣지 못한다. 그래서 더 크게 고함을 지르는데 이번에는 바람 소리에 그 말이 묻혀 버린다. 점점 더 벼랑에 가까워지는 아들의 목숨을 구하려고 당신은 목이 터져라 악을 쓰지 않을까? 물론이다. "당장 멈춰! 멈추라고!" 결국, 아들이 무사하긴 했으나 오해도 뒤따른다. 협곡을 지나던 등산객 네 명이 그 소리를 듣고 생각한다. '정말 살벌한 아빠로군. 나는 절대로 자식을 저렇게 대하지 말아야지.'

우리도 긴급 상황에서 때로 오해받을 위험을 무릅쓰지 않는가? 하나님이 과거에 언성을 높이실 때 감수하신 엄청난 위험을 생각해 보라.

잠시 초등학교 교사의 입장이 되어 보라. 방금 막 쉬는 시간이 끝나 아이들이 교실로 들어왔다. 아직 다들 웃으며 떠들고 있는데 당신에게 연락이 왔다. 총을 든 사람이 건물 내로 잠입했으니 즉시 아이들을 대피시키라는 지시다. 아이들은 너무 시끄러워 당신이 부르는 소리를 듣지 못한다. 이제 당신은 언성을 높여 아이들을 조용히 시키지 않을까? 필요하다면 고함이라도 질러 질서를 되찾고 안전하게 대피시키지 않을까? 설령 일부 아이가 집에 가서 부모에게 교사가 악을 썼다고 이를 지라도, 전혀 당신답지 않은 그 행동까지도 불사하지 않겠는가?

이차대전 중에 대서양을 건너던 미군 수송선 한 척이 어뢰에 맞아 서서히 침몰하기 시작했다. 병사들의 숙소는 갑판 아래였는데 많은 선실이 침수되었다. 겁먹은 병사들이 갑판 승강구를 열고 정신없이 탈출을 시도했다. 한 사람이 갑판 위로 나가려고 사다리에 오르면 두세 사람이 그를 밀쳐냈고, 새로 사다리에 뛰어오른 사람도 다시 밑의 몇 사람에게 끌려 내려갔다. 갑판으로 나가는 단 하나의 사다리를 놓고 모두가 허둥대며 싸우고 있었다.

갑판 위에서 장교들이 질서를 지키라고 외쳤지만, 아래쪽 병사들은 공포에 질려 그 말이 귀에 들어오지 않았다. 수위가 계속 상승하고 있었으므로 신속히 질서가 회복되지 않으면 전원 몰사할 위험마저 있었다. 갑자기 총성이 허공을 갈랐다. 갑판의 한 장교가 소총을 꺼내 선실쪽으로 발사해 병사 몇이 죽었다. 그러나 이 조치로 즉시 혼란이 정리되어 나머지는 구조되었다.

지혜의 근본

하나님이 큰 위험을 무릅쓰고 힘과 능력을 쓰심은 그 방법을 선호하셔서가 아니라 긴급 상황을 다루셔야 했기 때문이다. 잠언에 말했듯이 '여호와를 경외하는(두려워하는) 것'은 '지혜의 근본(시작)'이지 지혜의 끝이 아니다(잠 9:10). 통제 불능이 된— 시내산 밑에서 금송아지를 숭배하며 주연(酒宴)을 벌이던—사람도 하나님의 우레가 울리면 한동안 파멸의 행동을 멈추고 귀를 기울일 수 있다. 우리 각자에게 주시는 메시지는 이것이다. 하나님께 귀를 기울이며 그분과 함께 시간을 보내면 우리도 모세처럼 두려워할 필요가 없음을 알게 된다(참조 출 20:20).

무엇에든 자유가 침해당하면 항상 반항심이 뒤따르고 불가피하게 사랑이 파괴된다. 자유가 없는 분위기에는 사랑이 존재할 수 없다. 잘 모르겠거든 배우자에게 시험해 보라. 당신을 사랑하지 않으면 죽이겠다고 말해 보라. 배우자의 자유를 제한한 뒤 사랑이 어떻게 되나 보라.

자유의 법칙은 하나님의 통치 원리 중 기본에 속한다. 하나님은 사랑이시므로 반드시 자신의 지성적 피조물의 자유와 개성을 존중하셔야만 한다. 그렇지 않으면 사랑이 파괴되고 반항심이 촉발된다.

다소의 사울도 몰랐다

자유의 법칙은 사도 바울도 처음에 몰랐던 진리다. 다메섹 도상에서 회심하기 전에 바울은 다소의 사울로 알려져 있었다. 그런데 그는 그리스도를 따르는 이들을 어떤 방법으로 교화하려 했던가? 사울이 포교할 때 대동한 성전 수비대는 무력과 강요와 고문과 투옥으로 그리스도인들을 전통적 유대교로 전향시키려 했다. 그는 첫 순교자 스데반을 돌로 친 사람들의 옷을 맡기까지 했다(행 7:57~8:1).

그러나 다메섹 도상의 체험이 있었던 후로 바울은 종교적 문제로 논쟁이 불거지자 로마서 14장 5절에 "각각 자기 마음으로 확정할지니라"라고 썼다. 다시 말해서 사랑으로 진리를 제시한 뒤 사람들 스스로 마음을 정하도록 자유롭게 두라(엡 4:15). 그리스도의 사도가 되기 전에는 사탄의 방법을 썼던 바울이 구주를 만난 뒤로는 방법이 바뀌어 자유의 법칙을 실천했다.

그리스도와 자유의 법칙

자유의 법칙이 위반될 때마다 항상 사랑이 파괴되고 반항심이 싹트는데, 왜 예수는 남에게 자유를 침해당하실 때도 계속 사랑하셨을까? 결박되어 구타당하고 십자가에 달리실 때도 왜 사랑하기를 그치지 않으셨을까? 자유의 침해가 정말 항상 사랑을 파괴한다면 말이다.

답은 그분이 자원하여 학대에 순복하셨다는 데 있다. 그리스도는 자유를 잃으신 적이 없다. 십자가의 죽음은 그분의 뜻에 어긋나는 일이 아니라 그분의 뜻대로 된 일이었다.

겟세마네에서 그리스도는 자신의 운명을 아버지의 손에 맡기며 "나의 원대로 마시옵고 아버지의 원대로 하옵소서"(마 26:39)라고 기도하셨다. 십자가에 순응하지 말라고 베드로가 말리자 그분은 그를 꾸짖으셨다(마 16:23). 그리스도는 작정하고 십자가를 향해 가셨다.

베드로가 대제사장의 종을 쳐서 귀를 잘라냈을 때도 그리스도는 그를 책망하시고 종의 귀를 낫게 하셨다. 그러면서 아버지께 구하면 열두 군단의 천사가 하늘에서 보냄을 받아 자신을 살리리라고 말씀하셨다(마 26:52~53). 실제로 예수는 아무도 그분의 목숨을 빼앗을 수 없고 자신이 스스로 목숨을 버린다고 분명히 말씀하셨다(요 10:17).

자원해서 목숨을 버리셨기에 그리스도의 자유는 침해된 적이 없다. 어떤 피조물도 하나님의 자유를 앗아갈 수 없다. 그리스도께서 십자가에 달리실 수 있으려면 자원해서 순복하시는 길밖에 없었다. 그러므로 십자가는 사랑을 파괴하기는커녕 오히려 하나님이 우리에게 사랑을 표현하신 방법이다.

자유의 법칙이 위반될 때 우선 나타나는 두 가지 뻔한 결과는 사랑의 파괴와 반항심의 조장이다. 그러나 반항해도 자유가 회복되지 않으면 자유의 법칙 위반의 세 번째 뻔한 결과가 뒤따른다. 그 내용을 다음 장에서 살펴볼 것이다.

06

그림자 인간

깊이가 없는 사람은
자유를 모든 법과 제약에서
벗어난 상태라 여긴다.
반면에 지혜로운 사람은
법 중에서도 강력한 법이
자유에 내포되어 있음을 안다.
—월트 휘트먼

셜리(Shirley)의 가정의는 혹시 우울증이 있나 염려되어 그녀를 내게 의뢰했다. 46세의 이 여자에게서 이력을 끌어내기란 아주 어려웠다. 두 손을 양다리 사이에 끼고 앉은 그녀는 시선을 마주치기를 일체 피했다. 말투도 어찌나 얌전한지 아예 목소리에 억양이 없다시피 했다.

간혹 대답할 때도 대부분 질문에 "몰라요"나 "그렇겠죠"로 일관했다. 오랜 침묵과 끈질긴 질문 끝에 드디어 평범한 옷차림의 약간 비만한 그녀가 남편에게 구타당했던 고통스러운 과거를 털어놓기 시작했다.

그녀가 머뭇거리며 들려준 한 사건은 이렇다. 남편이 5시까지 저녁상을 차리라고 해서 열심히 식사를 준비했으나 차리고 보니 2분이 초과되었다. 셜리가 울먹이며 하는 말이, 그러자 그는 코가 부러지고 눈이 멍들도록 그녀를 때렸다. 손찌검하면서 이렇게 말했다. "난 당신이 나를 이렇게 만드는 게 싫어. 왜 때리게 만들지? 저녁을 제시간에 차리기만 했어도 때릴 필요가 없잖아. 다 당신을 위해서, 당신을 사랑해서 이런다는 걸 모르겠어?"

셜리의 끔찍한 사연을 듣다가 내가 남편의 행동이 나빴다고 한마디 했다. 그제야 처음으로 그녀가 고개를 들어 내 눈을 보며 말했다. "그렇지 않아요! 그이 잘못이 아니에요. 내가 식사를 제때 준비했으면 남편도 나를 때릴 필요가 없었잖아요."

자유를 침해당해도 가만히 있으면, 세 번째 뻔한 결과는 개성의 말살이다. 타인의 통제에 굴한 기간이 충분히 길어지면 점차 개인의 고유한 정체가 흐려지면서 스스로 이성적으로 사고하는 능력이 사라진다. 굴종하는 사람은 자신의 머리로 생각하는 게 아니라 통제하는 사람의 눈으로 사고한다.

셜리 같은 사례를 흔히 볼 수 있다. 그녀는 더는 스스로 생각하지 않고 자신의 정체성을 폭력적인 남편에게 내어 맡긴 채, 남편이 보는 실재를 자신의 것으로 받아들였다. 사실상 남편의 그림자가 된 것이다. 자유가 침해되면 사랑만 파괴되는 게 아니다. 반항해도 자유가 회복되지 않으면 개성 자체가 사라지고 그림자만 남는다.

자유의 침해는 대부분 명확하지 않다

자유의 침해는 대부분 셜리의 경험만큼 명확하지는 않으나 그래도 해롭기는 마찬가지다.

존(John)은 50대 후반의 작달막한 남자였다. 희끗희끗한 머리칼을 왼쪽만 길러서 빗어 넘겨 대머리를 가리려 했으나 허사였다. 고등학교를 졸업한 후 잠깐 대학에 다니긴 했지만, 그는 독학으로 공부했다. 상당히 똑똑하고 경험도 많은 사람이었다.

큰 건설회사의 선임 현장감독인 그는 이른 나이부터 그 분야에서 잔뼈가 굵었다. 여러 대규모 작업반을 담당하며 근래에 뛰어난 실적으로 두둑한 보너스까지 받았다. 그런데 문제가 있었다. 존의 눈빛은 슬픈 회한에 차 있었고 시름으로 이마에 주름이 패 있었다. 멀리서 울리는 기차 소리 같은 저음에서 공허한 외로움이 묻어났다.

그는 성공한 세 아들의 아버지였고 조강지처와의 결혼생활도 30년이 넘었다. 사업도 성공의 연속인 데다 건강도 좋았다. 그런데 나를 찾아온 그는 우울과 절망과 불안과 낙심과 낮은 자존감에 시달리고 있었다. 그러면서 몹시 혼란스러워했다. 특별한 문제가 없으니 행복해야할 텐데 우울함이 깊어만 갔기 때문이다.

대화를 통해 알고 보니 결혼 초에 아내가 말다툼 끝에 그를 떠나겠다고 위협한 적이 있었다. 그 위협이 심각하고 무서워 그는 물러나 아내의 비위를 맞추었다. 내게 털어놓은 사례만도 여럿이었다. 스스로 상황을 평가해 결론에 도달했어도 아내의 견해와 다르면 아내의 반응이 두려워 잠자코 따르곤 했다는 것이다. 아내가 기분 나빠하거나 토라지거나 소란을 피우거나 며칠씩 말을 안 하거나 최악의 경우 떠나버리면 어찌할 것인가?

결혼해 30년을 지내는 동안 그는 늘 두려움 속에 살았다. 직장에서는 성공했으나 집에만 오면 패배자로 느껴졌다. 집 밖에서는 명료한 사고로 효과적인 결정을 내리는 그였지만, 집에서는 '옳은' 적이 별로 없었다.

존은 아내와 의견이 다를 때가 많았지만 한 번도 내색하지 않았다고 했다. 직장 동료들이 함께 골프를 치거나 스포츠 중계를 보자고 해도 사양하기 일쑤였다. '내 일정이 그때 비어 있나?'라는 생각 대신 '아내가 어떻게 생각할까? 화내지 않을까? 허락하지 않겠지'라는 생각부터 들었다. 존은 더는 스스로 생각하지 않고 아내의 머리로 자기 생각을 걸러냈다. 그렇게 서서히 개성과 독자적 사고력을 잃었고, 그 과정에서 아내의 그림자가 되었다.

불행히도 우리는 자유의 법칙에 대한 인식이 부족해 이를 어길 때가 많다. 심지어 그리스도의 이름으로 위반하는 때도 비일비재하다. 강요와 위협과 통제로 자신의 목표를 이루려는 사람이 그분의 이름을 들먹일 때 그분은 얼마나 슬프시겠는가.

그리스도의 이름으로 침해되는 자유

레지던트 시절에 내가 상담했던 35세의 히스패닉 여성은 오순절 교단 소속이었는데 몇 년째 우울증을 앓고 있었다. 소피(Sophie)가 속해 있던 문화와 신앙 집단에서는 여자가 남편에게 무조건 복종하게 되어 있었다. 교회에서 말하는 것조차 여자에게 허락되지 않는 교단이었다. 질문이 있으면 기다렸다가 집에 가서 남편에게 해야 했다. 교회 제직회나 임원진에도 여자는 한 명도 없었다.

집에서 받는 대우도 비슷했다. 아내는 가장인 남편이 시키는 대로 해야 했다. 하나님이 두 가지 이유에서 사회를 그렇게 설계하셨다는 말을 그녀는 귀가 따갑게 들었다. 여자가 먼저 미혹되어 남자를 죄에 빠뜨렸고, 하나님이 남자는 그분의 형상대로 지으셨으나 여자는 남자의 형상대로 지으셨다는 것이다. 오랜 세월 소피는 한결같은 여성 비하에 굴하면서 남편의 통제에 자신을 내주었다.

자유의 법칙이 위반되면 언제나 그렇듯이, 소피도 남편을 향해서는 물론, 이런 제도를 정했다는 신을 향해서도 상당량의 분노와 원망이 풀리지 않았다. 스스로 사고하기도 몹시 힘들어져 자신감과 자존감과 자부심을 다분히 잃었다. 개성이 서서히 사라지면서 그녀는 말없이 속으로 죽어가고 있었고, 그 과정에서 그림자 인간이 되었다. 남편의 희미한 복제품이 된 것이다.

상담 과정에서 소피는 자유의 법칙을 깨닫고 그 원리를 점차 삶에 적용했다. 그런데 그녀가 스스로 사고하며 개성과 자율을 구사하기 시작한 직후에 남편이 우리의 상담 시간에 쳐들어왔다.

성경책을 들고 당당히 들어선 그는 내 책상에 책을 탁 내려놓으며 말했다. "내 아내한테 말해 주시오. 성경에 아내는 남편한테 복종하게 되어 있다고 말이오." 그 사이에 소피의 자세가 눈에 띄게 달라졌다. 남편이 들어오기 전까지는 편안해 보였었다. 밝은 눈빛으로 미소를 머금고 꼿꼿이 앉아 스스럼없이 말했다. 그런데 남편의 요구 앞에서 그녀는 점차 몸이 움츠러들었다. 고개는 수그러져 턱이 가슴에 닿았고, 어깨가 안으로 말리면서 두 손은 양다리 사이로 파고들었다. 영락없이 슬픔과 겁에 질린 아이의 모습이었다. 자유의 가망이 곧 무산되리라는 그녀의 두려움이 내게 너무도 똑똑히 보였다.

나는 남편에게 이렇게 답했다. "성경에 아내가 남편에게 복종해야 한다고 가르친 건 맞습니다. 하지만 바로 다음 구절에 이런 말씀도 나옵니다. 남편은 그리스도께서 교회를 대하시듯 아내를 대해야 하는데, 그분은 교회를 위해 자신을 희생하셨지요(참조 엡 5:22~25). 당신이 이제부터 아내의 행복을 위해 자신을 희생한다면, 분명히 아내 쪽에서도 그런 대우에 복종하기란 전혀 어렵지 않을 겁니다."

말하면서 보니 소피가 다시 어깨를 펴고 꼿꼿이 앉아 씩 웃고 있었다. 다행히 이 남편은 정말 옳은 길을 갈 마음이 있었다. 사실은 그도 역시 하나님과 그분의 방법에 대한 심각한 오해의 피해자였다. 그는 방향을 바꾸자는 권유를 받아들여 그때부터 부부 상담에 동참했다. 서로 보상을 누리는 건강한 관계, 개성과 자율을 존중하는 관계를 부부가 함께 가꾸어 나갔다.

결혼과 자유의 법칙

부부관계 내에 사랑과 자유의 법이 잔인하게 위반되고 있는데도 불행히도 무지해서 그대로 남아 고생하는 선량한 사람이 많다. 그들은 그런 파괴적인 상황 속에서도 버텨야 한다고 믿는다. 하지만 하나님은 그렇게 요구하신 적이 없다. 우리를 향한 그분의 목적은 늘 치유와 회복뿐이다. 그래서 그분은 우리 삶 속에 그분이 역사하시지 못하도록 막는 것이면 무엇이든 우리가 끊어 내기를 바라신다.

가장 큰 계명은 무엇인가? 예수는 이렇게 답하셨다. "'네 마음을 다하고 목숨을 다하고 뜻을 다하여 주 너의 하나님을 사랑하라' 하셨으니 이것이 크고 첫째 되는 계명이요 둘째도 그와 같으니 '네 이웃을 네 자신 같이 사랑하라' 하셨으니 이 두 계명이 온 율법과 선지자의 강령이니라"(마 22:37~40).

'하나님'과 '이웃'의 두 범주 중에서 배우자는 어디에 속할까? 당연히 하나님 쪽은 아니다. 우리는 늘 하나님을 향한 책임부터 다해야 하며 배우자를 향한 책임은 그다음이다. 아담이 금단의 열매를 받아들이기 전에 이 사실을 기억했더라면 이 세상은 얼마나 더 좋은 곳이 되었을까. 우리는 가장 쓰임 받기 좋게 최선의 상태로 하나님께 자신을 드려야 할 책임이 있다.

자유와 개성과 자율의 소멸을 촉발하거나 허용하는 부부관계는 결국 내면에 있는 하나님의 형상을 파괴하고 만다. 자유가 회복되지 못하면 천국에 적합한 인격성이 붕괴된다. 이것이야말로 사탄의 가장 교활한 덫의 하나다.

부부관계 내에 사랑과 자유가 회복될 수 없다면— 관계를 유지하는 대가로 개인이 너무 지배당하고 통제당해 개성과 자율이 말살된다면— 하나님이 주신 책임을 다해 그런 파괴적 관계에서 빠져나와야 한다.

남편의 리더십에 맹목적으로 복종해야 한다고 잘못 믿고 있는 아내가 많다(아내를 계속 부당하게 통제하려고 그런 잘못된 신념을 조장하는 남편도 많다). 그러나 이미 논했듯이 하나님은 아내가 남편에게 맹목적으로 복종하기를 바라지 않으신다. 성경은 아내에게 명하기를 그리스도처럼 대해 주는 남편에게 복종하라고 했다.

그리스도는 교회를 어떻게 대하셨던가? 늘 자기 백성을 위해 자신을 내주셨다. 늘 남의 유익을 구하시되 힘이나 권위로 아니라 본을 보여 이끄셨다. 그리스도는 우리를 생각 없이 시키는 대로만 하는 종이 아니라 이해력 있게 생각하는 친구로 부르셨다(요 15:15). 우리 구주는 사랑으로 진실을 밝히신 뒤, 그분의 주도에 따를지를 우리 스스로 정하도록 자유롭게 두신다. 이게 그분이 일하시는 방식이다.

하나님은 우리가 사고를 양도한 채 그분께 마냥 제어당하기를 원하지 않으신다. 우리를 꼭두각시처럼 조종하실 마음이 없다. 그런 관계는 사랑을 파괴한다. 다만 그분은 우리 마음과 사고가 그분께 드려져 정화되고 회복되기를 원하신다. 그것도 충분한 증거를 통해 그분께 정말 신뢰가 간다는 확신이 설 때만 말이다. 하나님은 우리를 치유하고 해방시켜 스스로 결정하고 절제하는 개개인이 되게 하시며, 그분의 방법인 사랑과 자유에 조화되게 살아가게 하신다(갈 5:22~23).

마찬가지로 아내도 남편에게 자신의 정체를 양도한 채 그에게 제어당해서는 안 된다. 오히려 남편은 아내의 개성을 세워 주고 아내 안에 있는 하나님의 형상이 회복되도록 힘써야 한다. 아내의 자유를 제한할게 아니라 아내의 독자적 사고력과 논리력이 자라도록 도와야 한다. 우리는 타인의 생각을 투영하는 그림자가 아니라 스스로 생각하는 사람이 되어야 한다. 남편은 아내를 지성적 동반자, 서로 이해하는 친구, 가치와 사랑과 충절과 헌신과 권위가 동격인 존재가 되도록 이끌어야 한다. 그러는 내내 서로가 잘되도록 협력해야 한다.

하나님은 자녀를 잃기 싫어하신다

하나님이 인간을 그분의 형상대로 지으심은 자신에 대한 진리가 인간을 통해 드러나게 하심이다. 결혼도 그분은 하나님 닮은 사랑을 예시하도록 설계하셨다. 이혼은 이기심의 발로이며 사랑이 무너질 때 발생한다. 이혼이 하나님의 자녀에게 고통과 상처를 입히므로 하나님은 이혼을 미워하신다(말 2:16). 그러나 하나님이 이혼보다도 더 싫어하시는 게 자녀의 멸망 곧 자녀를 영원히 잃는 일이다. 사랑과 자유를 일관되게 침해하는 결혼생활은 하나님의 성품과 자비로운 원리에 어긋나는 흉측한 모조품이다. 이런 부부관계는 겉보기에만 사랑의 보루일 뿐 사실은 그분을 잘못 대변하며 남편과 아내를 둘 다 멸망시킨다.

최면은 자유의 법칙에 어긋난다

자유의 법칙이 위반되는 정황은 얼마든지 많다. 그러나 가정과 교회와 병원처럼 안전의 요새로 자처하는 곳일수록 가장 해롭다. 앞서 보았듯이 어떤 이유로든 자유의 법칙이 깨지면 정황이나 의도와 무관하게 결과는 뻔한 파멸이다.

내게 최면을 부탁하거나 최면이 효과가 있느냐고 묻는 환자가 많이 있다. 사실 최면은 사고에 깊은 영향을 미칠 수 있다. 그러나 더 중요한 질문이 있다. 최면은 실제로 치유를 낳는가, 아니면 오히려 정신 기능을 약화시키는가?

최면이란 제삼자가 상대의 논리력을 일시 정지시킨 채 암시와 지시와 신념을 심거나 기억에 영향을 미치는 과정이다. 그러면 상대의 사고는 이를 비판적 검토 없이 받아들인다. 최면은 최상위 기능인 이성과 양심을 우회해 신념과 기억과 도덕과 가치관과 상상에 직접 접근한다. 그뿐 아니라 신념과 가치관과 도덕과 상상의 형성 및 활용을 감독하는 영적 속성의 역할마저 박탈한다. 사고가 최면에 걸리면 신빙성을 비판적으로 검토해 보지도 않고 암시를 받아들인다.

신념의 내용은 우리의 행복에 막강한 영향을 미친다. 따라서 최면으로 신념이 바뀌는 정도만큼 그 사람의 경험도 크게 달라질 수 있다.

최면의 가장 근본적인 문제점 중 하나는 하나님이 주신 논리력이 배제된 채로 신념이 바뀐다는 데 있다. 신념을 검토하거나 증거를 저울질하지 않으므로, 이성을 북돋고 인격을 존중하는 길을 선택할 자유도 없다. 대신 최면은 자신의 사고와 개성을 남의 소관으로 양도한다. 그러면 논리력이 약해져서 하나님이 설계하신 사고의 위계를 정립하고 유지하기가 더 힘들어진다.

성경의 가르침에 따르면(히 5:11~6:4, 엡 4:14~15) 성숙한 그리스도인은 옳고 그름, 건강한 것과 해로운 것, 선과 악을 분별하는 능력이 함양된 사람이다. 그런데 최면은 이 능력을 저해한다. 이성과 양심을 제쳐 둔 채 정신 기능의 지휘를 남에게 맡기도록 길들이기 때문이다.

하나님은 결코 최면을 쓰지 않으실 분이다

많은 진실한 그리스도인이 이렇게 기도한다. "주님, 제 의지를 주님께 양도합니다. 주께서 통제하여 주소서. 더는 제가 통제하고 싶지 않습니다." 하나님이 그렇게 하실까? 아무리 본인이 구한다 해도 그분이 남의 의지를 통제하실까? 이런 비유를 생각해 보라. 당신이 나노 기술로 자녀의 뇌 속에 칩을 심어 회로망을 만들 수 있다. 그러면 무선 송신을 통해 당신의 컴퓨터로 거기에 접근할 수 있다. 그래서 당신은 컴퓨터로 아이를 프로그램화해 하루 세 번씩 당신에게 와서 사랑한다고 말하게 한다. 그게 사랑일까? 앞서 확인했듯이 자유가 침해될 때마다 사랑은 파괴된다.

사람을 프로그램화해서는 결코 진정한 사랑을 얻어낼 수 없다. 기계적 행위를 끌어낼 수 있을 뿐이다. 하나님은 결코 이런 방법을 쓰지 않으신다. 그분은 참으로 사랑이시며, 자원해서 드리는 섬김과 헌신만을 원하시기 때문이다. 최면은 지식에 기초한 사고 및 선택의 자유를 앗아간다. 최면을 쓰면 자유의 법칙이 위반되는데도 반항심이 싹트지 않는다. 최면 당한 사람이 자진해서 최면에 굴했기 때문이다. 최면 중에는 이성과 양심이 마비되거나 무력화되거나 휴면 상태에 들어가므로 자유가 침해되어도 알 길이 없다. 최면은 언제나 개성과 독자적 사고력과 논리력을 무너뜨리고 그림자 인간을 만들어 낸다. 스스로 생각할 줄 모르는 사람이다.

흔히들 최면과 혼동하지만, 최면과는 달리 유익을 끼칠 수 있는 요법이 있다. 심상 유도라는 기법이다. 심상을 유도할 때는 사고 기능을 타인이 지배하는 게 아니라 본인이 통제한다. 이성과 양심이 주체적으로 의지에 지시해 상상을 활성화한다. 심상 유도를 통해 하나님의 창조세계와 성품과 임재를 묵상할 수 있다.

하나님은 개성을 말살하지 않으신다

불행히도 여태 살펴본 여러 해로운 방법이 어떤 때는 너무 교묘해서 하나님이 친히 역사하시는 것처럼 착각될 수 있다. 그러나 그분은 결코 개성을 말살하시는 방식으로 일하지 않으신다. 갈라디아서 5장을 보면 치유와 회복을 위해 하나님과 협력하는 사람이 어떻게 되는지 나와 있다. 그들의 성품에 분명하고 구체적인 특징이 나타나는데 성경은 이를 '열매'라 칭한다. 그런데 이 열매는 성령이 역사하신 결과

이므로 성경에 '성령의 열매'라 불린다. 바로 '사랑과 희락과 화평과 오래 참음과 자비와 양선과 충성과 온유와 절제'다(갈 5:22~23).

성령께서 우리 삶 속에 마음껏 역사하시면 우리는 하나님께 제어당하는 꼭두각시가 아니라 스스로 결정하고 절제하는 사람이 된다. 해방되어 모든 일을 사랑과 자유와 진리와 개방 등 하나님의 원리대로 행한다. 진정한 자유는 그리스도와의 관계 속에만 있다. 그분 안에서만 우리는 두려움에서 해방되고, 남의 통제로부터 해방되고, 유전적 결함의 지배로부터 해방된다.

07
사랑의 법

여호와의 율법은 완전하여
영혼을 소성시키며
여호와의 증거는 확실하여
우둔한 자를 지혜롭게 하며.
—시 19:7

사랑이란 주제를 처음 탐색하러 나설 때만 해도 나는 그게 가능한 일일지 엄두가 나지 않았다. 물론 인류의 구원이라는 하나님의 계획에서 사랑이 중심임은 그리스도인으로서 알고 있었다. 그러나 내가 읽은 대부분 책에 사랑은 무언가 무형의 힘이거나 막연히 따뜻한 감정으로 나와 있었다. 말이 안 되는 것 같았다. 사랑의 본질을 탐색하다가 처음 봉착한 문제는 사랑과 모조품을 구분하는 일, 그리고 사랑을 체험할 뿐 아니라 이해하는 일이었다. 사랑이 실제로 우주 보편의 법— 삶의 기초가 되는 원리— 이라는 개념은 생각조차 못했으므로, 처음에는 그런 가능성 자체가 이해되지 않았다. 그러나 자유의 법칙 같은 다른 우주적 상수(常數)를 터득하면서 사랑의 법도 점차 명확해졌다.

자유의 법칙이 위반되면 손상과 파멸이 따름을 5~6장에서 살펴보았다. 셜리의 삶에서 보았듯이 그녀는 남편에게 자유를 침해당한 대가를 치러야 했다. 자유의 법칙이 위반되면 매번 사랑도 침해됨을 우리는 직관적으로 안다. 그러나 알아야 할 사실이 또 있다. 거꾸로 사랑의 법이 위반된다 해서 매번 자유가 침해되는 건 아니다.

샘(Sam)과 윌마(Wilma)는 결혼한 지 43년 된 부부였다. 세 자녀 모두 장성했으므로 이제 은퇴 생활을 즐길 일만 남았는데, 불행히도 결혼생활이 무너지기 직전이었다. 외도나 구타 때문도 아니고 자꾸 자유를 침해당해서도 아니라 사랑이 없어서였다. 즉 그들은 행동하기 전에 능동적으로 상대의 유익을 생각할 줄을 몰랐다. 상대를 앞세울 줄을 몰랐다.

둘 다 활동적인 교인으로서, 명백한 '죄'로 여겨질 만한 행동은 생각조차 못할 사람이었다. 하지만 명백한 '사랑'으로 여겨질 만한 행동도 찾아보기 힘들었다. 둘 다 상대의 필요를 채워 주려 하기보다는 늘 자신의 욕구를 충족시키려 했다. 이들은 냉담함의 덫에 빠져 더는 서로에게 마음을 쓰지 않는 사이였다. 서로 사랑하려 애쓰기는커녕 상대에게서 무언가를 얻어내려고만 했다. 샘과 윌마는 불행했고 마음이 점차 완고해졌다. 정서적, 영적으로 죽어 가고 있었다.

사랑의 관건은 단지 해로운 행동을 삼가는 게 아니라 의지적으로 상대를 세워 주는 이타적 행위다. 사랑은 단지 기분 좋은 행위가 아니라 기분과 무관하게 선을 행하는 것이다. 사랑은 이타적이다. 자신을 내주어 남에게 가장 유익한 쪽으로 행동한다. 우리는 사랑하면 살고, 사랑하기를 멈추면 죽는다.

제니와 필 부부를 살펴보자. 제니(Jenny)는 불안했다. 점심을 대접하려고 남편 필(Phil)과 함께 친정 부모를 모시러 가던 길이었다. 83세의 아버지는 알츠하이머병에 걸린 지 몇 년 되었다. 치매로 정신 기능이 쇠퇴할수록 행동도 더 이상해져 사람들을 짜증 나게 만들곤 했다. 이번에도 이상한 행동을 하면 남편이 장인을 어떻게 대할까?

부모를 차에 태우자마자 아버지가 필에게 이 차종이 무엇이고 연식은 언제이며 연비는 어떠냐고 물었다. 15분도 안 되는 사이에 그 똑같은 질문을 열 번도 더 했다. 그런데 필은 짜증을 내기는커녕 매번 밝고

침착하고 참을성 있게 물음에 답하며 장인에게 진정한 관심과 연민을 보였다. 필이 자신을 내주어 옳게 행동한 이유는 기분 때문이 아니라 그게 옳았기 때문이다. 사랑을 행동으로 보여 준 남편이다.

사랑은 곧 생명이다

사랑의 법은 생명의 법이다. 우주의 모든 생명이 이 원리 위에 기초해 있다. 하나님 자신이 사랑이시므로 만물을 지으실 때도 사랑의 법에 조화되게 작동하도록 설계하셨다. 이는 만물이 서로 값없이 베푸는 선행의 순환이다. 이런 순환을 자연에서 볼 수 있다. 태양은 바다 온도를 상승시키고, 바다는 구름을 생성하고, 구름은 땅에 비를 내려 호수와 강과 시내를 이루고, 물은 토지에 흘러 생명을 결실한 뒤 결국 바다로 돌아간다. 그리하여 다시 순환이 시작된다.

식물은 동물의 생존에 필요한 산소를 배출하고, 동물은 식물의 성장에 필요한 이산화탄소를 배출한다. 사랑의 법은 생명의 법이다. 자연도 베풀지 않으면 목숨이 다한다. 흐름이 멎어 물이 배출되지 않는 웅덩이는 금방 썩어 그 안의 생명체가 다 죽는다. 우리의 날숨으로 식물을 이롭게 하지 않으면 결국 우리도 죽는다. 베풀어야 산다. 사랑의 법을 받아들여 적용하면 자신이 악으로부터 보호받는다. 반대로 받으려고만 하면 서서히 죽는다. 베풀기를 멈추는 사람은 복의 물줄기로부터 끊어져 끝내 죽음을 면할 수 없다.

꽃은 벌에게 꽃가루를 주고, 벌은 꽃을 수정시켜 씨가 많아지게 한다. 나무는 다람쥐에게 견과를 주고, 다람쥐는 견과를 먹고 퍼뜨리고 땅에 묻어 나무의 개체를 번식시킨다. 사랑의 법은 베풂의 법이고 생명의 법이다.

하나님이 처음 창조하실 때의 세상은 완전해 자연 만물에 사랑의 법이 충만하게 드러났다. 그런데 죄가 세상에 들어온 뒤로 자연이 그와 상반되는 원리에 병들어, 또렷이 드러나던 하나님의 사랑도 흐릿해졌다. 자연에 밴 하나님의 사랑이 이기심의 원리인 죄 때문에 훼손되었으므로, 이제 그분은 기록된 말씀을 주셔야만 했다. 그래야 우리가 하나님의 원리를 똑똑히 보고 이해할 수 있다.

하나님의 기록된 말씀에 힘입지 않고 자연을 연구하는 사람은 그분의 손길을 보는 게 아니라 수려한 창조세계를 훼손시킨 병을 볼 때가 많다. 자연주의자는 흔히 그 병을 '적자생존'이라는 유명한 말로 설명하는데, 표현만 다를 뿐이지 그게 바로 이기심의 원리다. 찰스 다윈(Charles Darwin)은 적자생존의 원리를 창안한 게 아니라 하나님의 작품을 망가뜨린 그 이기적 동기를 자연 속에서 관찰했을 뿐이다. 관찰만 했지 참 의미는 깨닫지도 못했다.

마찬가지로 인간의 행동을 연구하는 정신의학자와 심리학자도 인류를 망가뜨리는 병에 어김없이 초점을 맞추면서 그게 '본래의' 상태였다고 결론짓는다. 신을 믿는 신앙을 저버린 프로이트도 그런 비참한 과오를 범해, 이드를 인간의 핵심 요인이라 결론지었다. 이드는 이기심의 병에 불과한데 말이다. 하나님의 기록된 말씀이 우리 사고에 빛을 비쳐 주어, 관찰되는 인간 본성을 올바른 문맥 속에서 보게 해 주어야 한다. 그런데 그분의 말씀을 제외하다 보니 많은 사람이 인류를 망가뜨리는 병을 그냥 정상이라 믿고 우리 존재의 일부로 받아들인다.

아프리카 어느 마을의 주민 전체가 에이즈 바이러스에 감염되었는데 다들 교육받지 못해 이 병에 대해 들어 본 적도 없다고 상상해 보라. 모든 아이는 태어날 때부터 에이즈에 걸려 있고, 모든 어른은 참담한 병고에 시달린다. 모두가 병들어 죽어 간다. 마을이 나머지 세상과 단절되어 있다 보니 세월이 흘러 새로 일어난 세대는 한때 에이즈 바이러스가 없던 시절이 있었음을 모른다. 그 가운데 자연주의자들이 출현해 인간의 삶을 관찰한다. 그들은 이 병이 본래부터 인간 조건의 일부였다고 잘못 결론짓지 않을까? 주민 전체도 삶이란 원래 이런 거라고 믿게 되지 않을까?

자연 만물이 병들어 있다. 바울이 로마서 8장 22절에 말했듯이 모든 피조물이 죄에 짓눌려 탄식하고 있다. 바이러스는 죄의 여파를 보여 주는 은유로 안성맞춤이다. 본래 하나님이 지으신 세상에는 바이러스가 없었다. 어떻게 아는가? 사랑의 법을 보아 안다. 바이러스는 순전히 생물학적 형태의 이기심에 기초해 있다. 바이러스란 유전 부호의 작은 조각(DNA나 RNA)이다. 아무것도 베풀 줄 모르고 빼앗기만 한다. 생명체 숙주에 침입한 바이러스는 세포 조직을 장악해 바이러스를 점점 더 증식시킨다. 스스로 높아지는 자기복제인데, 그게 워낙 광범위하다 보니 그냥 두면 숙주를 죽이고 자기까지 죽는다. 착취할 숙주가 결국 더는 남지 않기 때문이다. 우리 삶 속에 죄를 그냥 내버려 둘 때 벌어지는 결과를 얼마나 정확히 보여 주는 예인가.

반면에 하나님이 창조하신 백혈구는 사랑, 즉 자기희생의 원리대로 작동한다. 체내에 감염 인자가 침입하면 백혈구가 우리를 살리려고 기꺼이 자기를 희생한다. 세포의 차원에서나마 얼마나 사랑과 이기심의 대조적 차이인가.

인간은 이기심으로 병들어 있다. 하나님의 계획은 인간 사고의 핵심 동인이 된 이기심의 원리를 제거하고, 그분의 법인 사랑과 자유를 핵심 운영 원리로 회복하시는 것이다. 이렇게 사고가 치유되지 않으면 불가피한 결과는 죽음이다.

온 인류가 현재 이기심에 감염되어 있으나 하나님은 우리를 무력하게 병고에 시달리도록 두지 않으셨다. 천만의 말이다! 그분은 기록된 말씀과 아들 예수를 보내, 우리를 본래의 상태대로 치유하고 회복하실 계획을 계시해 주셨다. 창조주께서 보내 주신 문서를 읽으면, 병든 상태와 하나님이 본래 의도하신 상태를 더 잘 구분할 수 있다. 또 이를 바탕으로 지성적 결정을 내려 치유와 변화를 위해 그분과 협력할 수 있다.

사랑을 침해하면 죽는다

하나님이 왜 아담에게 그 나무 열매를 먹으면 죽는다고 경고하셨는지 궁금했던 적이 있는가? 사랑의 법 때문이다. 생명의 기초가 되는 베풂의 원리 때문이다. 이 법에 조화를 이루지 못하는 사람은 죽음이란 결과를 피할 수 없다. 하나님이 노하여 복수하셔서가 아니라 사랑의 법을 위반하면 복의 물줄기로부터 끊어져 생명 자체가 지속할 수 없기 때문이다. 물웅덩이가 수원과 분리되면 썩어서 생명체가 살 수 없듯이 사람의 사고도 하나님과 분리되면 망한다.

아담은 그 나무 열매만 빼고 지상의 모든 것을 받았다. 하나님은 그

나무 열매만 지정해 아담과 하와에게 먹지 말라고 하셨을 뿐 지상의 나머지는 다 그들의 소유로 주셨다. 첫 부부가 하나님의 사랑을 귀히 여겨 사랑으로 보답하려 했다면 그분의 것을 훔쳤을까? 자기 몫이 아닌 것을 취했을까? 정말 하나님을 사랑했다면 그분의 소유를 존중해 자기들 몫이 아닌 열매를 삼가지 않았을까?

사랑이란 내 기분과 무관하게 상대에게 가장 유익하게 행동한다는 뜻이다. 사랑은 베풂의 원리인데 남의 것을 훔치는 행위는 이 원리에 어긋난다. 도둑질은 사랑과 베풂의 반대다. 빼앗아 움켜쥐고 쌓아 두는 행위다. 아담도 사랑의 법을 어기고 빼앗아 움켜쥐어 스스로 높아졌다. 그러자 즉시 그에게 변화가 나타났다. 여태 누리던 고결한 품격과 실존은 사라지고 갑자기 두려워졌다. 사랑할 능력도 손상되었다.

아담이 열매를 먹자 하나님과의 연합이 단절되었다. 그 과정에서 그는 자기를 앞세우는 이기심의 원리를 택해 스스로 높아졌다. 그의 사고 속에서 사랑의 법이 이기심에 밀려나자 그동안 하나님의 마음으로부터 끊임없이 흘러들던 풍성한 사랑이 막혀 버렸다. 하나님은 여전히 그를 사랑하셨지만, 그 사랑이 더는 아담의 마음속에 살지 못했다.

사랑의 법을 어긴 뒤로 아담의 성품은 송두리째 바뀌었다. 자기를 희생하는 사랑과 베풂과 선행의 원리가 이기심으로 대체되었다. 그 즉시로 그는 다른 무엇보다도 자신과 자신의 형편과 문제와 상황에 더 신경을 썼다. 두려움이 그를 장악했다. 이성은 균형을 잃었고, 양심은 멍들었고, 의지는 감정의 수하에 들어갔다. 이제 '적자생존'의 원리가 아담의 사고를 지배했다. 그래서 그는 즉시 달아나 숨었고 자신의 처지를 하와 탓으로 돌렸다(참조 창 3:12). 아담은 사랑할 능력을 잃었다.

하나님의 개입이 없는 한 불치로 끝날 병이었다.

도미노처럼 밀려오는 파멸

사랑의 법이 위반될 때마다 즉시 뻔한 결과가 줄을 잇는다. 늘어선 도미노가 쓰러질 때처럼 일단 첫 여파가 발생하면 나머지도 즉시 뒤를 따른다. 불가피한 손상이 발생한다. 이 경우 첫 여파는 사랑할 능력의 손상이다. 이제 우리는 더는 본성적으로 남에게 베풀려 하지 않고 오히려 어떻게든 취하려 한다.

사랑의 법을 어기면 이성과 양심 기능이 손상될 뿐 아니라 죄책감이 싹튼다. 스스로 단죄해 두려움과 근심과 정서 불안에 시달리느라 명료한 사고력을 잃는다. 그런데도 우리는 자신의 문제를 인정하지 않고 하나님을 오판해 숨으려 한다. 내가 병들어 죽어 가고 있음을 인정하기는커녕 실제로 하나님이 나를 벌하려 하신다고 믿는 사람이 많다. 이렇게 하나님을 오판하면 그분으로부터 우리의 사고로 흘러드는 사랑의 물줄기가 막혀 버린다. 하나님의 개입이 없는 한 불치로 끝날 병이다. 그래서 하나님은 신뢰를 회복하고 우리 사고의 두려움과 의심을 없애 주시려고 아들을 보내셨다. 덕분에 이제 우리는 막힘없이 그분과 협력해 치유에 이를 수 있다.

또 하나 기억할 게 있다. 이전에 하나님의 사랑이 우리를 통해 흘러나간 적이 있다 해도, 남에게 베푸는 사랑을 멈추면 우리 마음과 사고가 점차 완고해지고 계속 더 이기적으로 변해 결국은 죽는다. 물론 아담의 삶이 좋은 예다.

수도관을 통해 당신 집으로 흘러드는 물을 생각해 보라. 상수원에서 공급되는 물은 맑고 깨끗하고 풍성하다. 그런데 당신이 수도꼭지를 다 막아 물의 흐름을 차단한다면 수도관의 물은 어떻게 될까? 아무리 깨끗한 상태로 공급되었어도 이제 물이 오염된다. 상수원에서 공급을 끊어서가 아니라 수도꼭지가 막혀 더는 당신 집으로 맑은 물이 흘러들 수 없기 때문이다. 마찬가지로 사랑하고 베풀기를 중단하면 우리 마음과 사고가 막혀 하나님의 무한한 사랑으로부터 분리된다. 사람이 성장하려면 그분의 풍성한 사랑을 받아들이고 그 사랑을 남에게 흘려보내야만 한다.

가장 큰 사랑

예수는 "사람이 친구를 위하여 자기 목숨을 버리면 이보다 더 큰 사랑이 없나니"(요 15:13)라고 말씀하셨다. 목숨을 희생하는 게 왜 가장 큰 사랑일까? 목숨을 버려 남을 살리는 일이야말로 자기희생의 최정점이기 때문이다. 사랑은 베푸는 과정이며 빼앗아 움켜쥐는 이기심과는 정반대다. 인간이 많은 것에 집착할 수 있으나 막상 죽음이 눈앞에 닥치면 축적된 전 재산이라도 기꺼이 내놓아 목숨을 보전하려 한다. 그러니 남을 위해 자기 목숨을 기꺼이 내놓는 사람은 그 이상 더 내줄게 없다. 사랑이 이기심을 몰아냈다.

십계명과 DNA

　이기심의 원리는 사랑의 원리와 싸운다. 스스로 자랑하고 높아지는 이기주의는 하나님의 방법인 사랑과 자유를 대적한다. 하나님이 창조하신 지구와 특히 인류는 그분의 법—우주를 통치하시는 방식—을 보여주는 전시장이다. 사랑과 자유의 법을 온전히 이해하려면 그 법이 지성적 생명체 안에 작동하는 모습을 보아야만 한다. 돌판의 글씨로 읽어서는 결코 그 참모습을 알 수 없다. 행동으로 보아야 한다.

　근래에 십계명의 게시(揭示)를 둘러싼 법정 공방이 뉴스에 오르내렸다. 그 과정에서 십계명이 하나님의 율법의 완결판이라는 말도 들려왔다. 하지만 그렇게 말하는 사람은 그분의 율법을 오해한 것이다. 십계명은 하나님의 법인 사랑과 자유를 지구에 담은 사본에 불과하다. 온전한 법을 희미하게 반사해 줄 뿐이다.

　십계명은 인간의 DNA 부호와 비슷하다. 물론 개인 고유의 DNA 서열을 분석하면 그 사람의 특정한 일면에 대한 정확한 사본이 나온다. 그러나 DNA 부호를 연구해 그 사람을 온전히—웃음소리와 환한 미소와 따뜻한 사랑까지—알 수 있을까? 마찬가지로 십계명도 하나님의 법인 사랑과 자유를 희미하게 반사해 줄 뿐이다. 십계명을 공부하기만 해서는 결코 하나님의 법을 온전히 알 수 없다. 그 법의 살아 있는 화신을 보아야 한다.

　본래 하나님이 창조하신 인류는 그분의 살아 있는 법인 사랑의 저수지였다. 하나님의 사랑의 법을 돌판에 새겨야 할 필요성이 대두된 것은 인류가 타락해 그 법이 사고 속에서 지워진 후의 일이다. 그렇게라도 우리의 병든 상태를 일깨우기 위해서였다. 하나님의 계획은 우리 사고 속에 그분의 법인 사랑과 자유를 회복하시는 것이다. 히브리서 저자는 예레미야의 말을 인용해 새 언약에 대해 이렇게 말했다. "그날 후에 내가 이스라엘 집과 맺을 언약은 이것이니 내 법을 그들의 생각에 두고 그들의 마음에 이것을 기록하리라"(히 8:10).

형제 사랑

비록 죄가 창조세계를 오염시켜 이제 하나님의 마음속에 존재하는 사랑이 희미하게 반사될 뿐이지만, 여전히 우리는 부모와 자녀, 자매와 형제, 친구와 동료에게서 그분의 사랑을 일부나마 볼 수 있다. 이를 흔히 형제 사랑이라 하는데, 인간 세계에서는 하나님 닮은 사랑에 가장 가까우며 일상적으로 접할 수 있다. 이는 하나님이 설계하신 가정이 삼위일체 하나님 사이에, 그리고 그분과 피조물 사이에 존재하는 관계를 반사해 주기 때문이다.

부부는 본래 아주 친하고 가깝고 내밀하게 서로 사랑해 실제로 사고와 마음과 목적과 성향과 의지에서 하나로 연합한다. 서로 신뢰하고 아껴 주는 친구이자 상담자가 된다. 그런데 가장 조화로운 부부관계마저도 이기심 때문에 이제 삼위일체 하나님 사이의 사랑과 연합을 희미하게 반사해 줄 뿐이다.

부부의 연합 다음으로 자녀가 있다. 자녀는 부모의 사랑이 표출된 파생물이다. 부부간에 사랑이 깊어지면 서로 몸을 합하고 나누어 자식을 생산한다. 이 새로운 피조물—사랑의 파생물—은 부모의 관심과 애정의 대상이 된다.

이때부터 부모는 자녀의 건강과 행복에 모든 자원을 바친다. 피조물을 부양하시는 성부 성자 성령 하나님의 끝없는 보호를 닮은 모습이다. 부모가 자신을 희생해 자녀를 살리듯이 하나님도 자신을 희생해 우리를 살리신다.

하나님이 부부 사이에 누리도록 설계하신 연합은 지속적 평안, 한결같은 신뢰, 격렬한 기쁨과 쾌락의 감정 등으로 충만하다. 그러나 이런 감정 자체는 그분이 뜻하신 목표가 아니라 자기희생, 서로 나눔, 올바른 행동, 상대를 향한 관심 등의 아름다운 결과물이다.

만물의 영장인 아담은 하나님의 법인 사랑과 자유의 본보기가 되어, 지켜보는 우주 앞에 그분의 방법과 원리를 드러내야 했다. 그가 이 본연의 목적에 실패하자 하나님은 자신과 자신의 살아 있는 법을 계시하고자 궁극의 조처를 하셨다. 인간으로 오셔서 우리와 하나가 되신 것이다. 이렇게 그리스도는 하나님의 법의 저수지가 되어 그 법의 무한한 높이와 깊이와 너비를 보여 주셨다. 우주를 통치하시는 하나님의 방식을 보여 주셨다. 자신의 삶을 통해 하나님을 계시하셨다.

사랑은 치유를 낳는다

인류는 죄로 망가지고 이기심의 법에 병들어 천성적으로 이기주의적 성향을 타고난다. 이런 우리 안에 그분의 법인 사랑과 자유를 회복하시는 게 하나님의 계획이다. 주님은 그저 우리 머릿속에 그분의 법을 개념으로 주입해 믿게 하시려는 게 아니라 우리를 그분의 온전한 형상으로, 사랑의 살아 있는 도관으로 재창조하려 하신다. 그러면 사랑의 법이 우리의 전 존재 속으로 배어들어 모든 행동의 원천이 된다. 그분은 두려움과 불안과 감정에 속박된 우리를 이 타락한 이기적 상태로부터 격상시키려 하신다. 그러면 우리는 다시 하나님의 질서대로 고결한 위상을 되찾을 수 있다. 그분은 우리 사고에서 이기심을 제하시고 우리 안에 사랑과 자유의 살아 있는 법을 회복하신다. 그러면 우리는 다시 하나님의 지성적 친구로서 스스로 결정하고 자기를 희생할 줄 아는 존재가 된다. 그분의 위대한 법인 사랑과 자유의 살아 있는 저수지가 된다.

08

사랑의 모조품

여호와의 율법은 완전하여
영혼을 소성시키며
여호와의 증거는 확실하여
우둔한 자를 지혜롭게 하며.
—시 19:7

지금까지 살펴본 사랑과 자유의 법에 대한 진리를 내가 더 젊어서부터 알았다면 얼마나 좋을까. 그랬다면 수많은 상심과 고통을 피할 수 있었으리라. 하지만 불행히도 대대수 사람처럼 나 또한 사랑을 오해했고, 그래서 후회할 결정을 꽤 내렸다. 수많은 이들처럼 나도 사랑의 모조품을 받아들였고, 그런 실수에 뒤따르게 마련인 고통을 겪었다. 내가 사랑할 줄을 몰라 상처를 입힌 이들에게는 참으로 미안하다. 과거로 돌아가 내가 유발한 고통을 되돌릴 수 있다면 기꺼이 그리하련만 이미 엎질러진 물이다. 그래서 나는 내가 할 수 있는 일을 한다. 실수에서 배우고, 힘닿는 한 잘못을 고치고, 하나님의 은혜로 이런 진리를 나누어 남을 돕는다. 이번 장에서는 사랑의 여러 모조품을 살펴볼 것이다. 이런 흔한 요인이 우리를 막아 하나님의 법인 사랑과 자유의 온전한 치유력을 경험하지 못하게 한다.

사랑은 통제하지 않는다

삐삐! 무선 호출기 소리에 화들짝 잠이 깼다. 아주 낯익은 번호가 떴다. 조지아주 덜튼의 해밀턴병원 중환자실이었다. 얼른 전화를 걸었더니 간호사가 상황을 전해 주었다. 약물 과다복용으로 자살하려 한 제리(Jerry)라는 젊은 남자가 방금 막 실려 왔다고 했다. 또 자살을 기도할 위험이 있는지 알아봐 달라는 병원 측의 요청이었다.

병상에 누워 있는 제리를 만났다. 흉부에 심전도 전선이 다닥다닥 붙어 있고 왼팔은 정맥주사 기계와 연결되어 있었다. 저만치 모니터에서 일정한 기계음이 울렸다. 약물을 해독하려고 주입한 숯 때문에 치아가 까매져 있었다. 말라붙은 숯 자국이 뺨에도 보이고 환자복에도 튀어 있었다. 빗지 않은 머리칼은 기름기로 번들거렸고 얼굴은 씻지도 않고 면도도 하지 않은 상태였다.

잠시 이런저런 대화로 관계의 물꼬를 튼 후에 제리에게 물었다. "삶에 무슨 일이 있었기에 자살할 지경까지 이른 겁니까?" 그러자 그가 울음을 터뜨리며 아내가 떠났기 때문이라고 말했다.

"돌아왔으면 좋겠어요. 떠난 걸 후회하고 내 곁에 남기로 했으면 좋겠어요. 아내를 너무 사랑하기에 가게 둘 수 없습니다. 그래서 가 버리면 자살하겠다고 한 겁니다."

"아내 쪽에서 함께 살기 싫다는데 자살은 왜 합니까?"

"아내를 사랑하니까요."

아내를 향한 제리의 감정은 분명히 강했지만 그런 행동은 사랑과는 거리가 멀었다. 오히려 사랑과 자유의 법에 어긋났다. 그의 초점은 아내의 건강과 유익과 행복이 아니라 자신에게 있었다. 사랑이 아닌 이기심의 발로였다. 만일 아내가 단순히 남편의 자해가 두려워 곁에 남는다면, 남편을 향한 사랑은 죽고 대신 원한이 쌓일 것이다.

'사랑'이란 단어는 뜻이 천차만별이다

사랑으로 가장한 모조품이 많다 보니 참사랑을 찾기가 힘들다. 흔히들 말하는 '사랑'이란 단어에 별의별 의미가 다 함축되어 있어 더 힘들어진다. 우리는 자동차나 영화 관람이나 대학 풋볼팀도 "사랑한다"라고 말한다. 이런 식의 사랑은 지극히 자기중심적이며, '애착'이나 '동화'로 표현하는 게 더 정확할 것이다.

물건이나 활동에 대한 이런 애착은 스스로 높아지거나 자신의 욕구를 채우려는 마음에서 비롯된다. 벤츠를 왜 사랑하는가? 기분이 좋아져서가 아닌가? 지위 때문이 아닌가? 대학팀을 왜 사랑하는가? 개인의 정체감과 자존감의 일부마저 그 팀의 성공과 결부시켰기 때문이다. 그러다 자기 팀이 지면 어떻게 반응하는가? 팀을 더 사랑하는 사람일수록 무자비해진다. 이런 사랑은 물질주의적이고 자기중심적이며 덧없다. 하나님 닮은 사랑에 부합하지 않음은 물론이다.

성적인 사랑

"갈망이 이성을 거부하고 올바른 판단력을 제압한 채 미(美)로 자극되는 쾌락을 노리다가 동류의 다른 갈망에 휩쓸려 육체미 쪽으로 과격하게 이동할 때, 이 과격한 이동으로부터 획득하는 이름이 있으니 곧 사랑이다." 소크라테스의 말이다.

이런 비이성적이고 감정적이고 감각적인 사랑은 성애다. 성애는 종종 파멸의 거미줄에 많은 피해자를 보란 듯이 끌어들인다. 하지만 참사랑이 과연 이성을 거부하고 선한 판단력을 짓밟을까?

포르노와 다양한 변태와 음욕을 아우르는 성애는 여러모로 사랑의 모조품이다. 성적인 '사랑'은 간음의 발단이기도 하다. 간음의 두 주체가 아무리 서로 뜨겁게 사랑에 빠져 있다고 주장해도 소용없다. 참사랑은 결코 피해와 파멸을 부르지 않는다. 바람을 피우거나 거짓말하거나 상대를 악용하지도 않는다.

성애가 남을 동참자로 꾀어 들이는 위력은 세지만, 생각해 보면 여간해서 참사랑으로 용인되지 않는다. 당사자들에게조차도 그렇다. 성애를 탐닉하는 사람이 대부분 그 사실을 부끄러워하여 숨긴다는 게 그 증거다. 자신이 스트립쇼를 보러 다니거나 포르노에 중독되어 있음을 자녀에게 자랑스레 말하는 아버지를 나는 본 적이 없다. 남편을 속이고 바람을 피웠다고 자녀에게 떳떳이 알리는 어머니도 마찬가지다. 생각해 보면 성적인 '사랑'을 참사랑으로 혼동하는 사람은 거의 없다.

의존 상태

그런데 걸핏하면 참사랑으로 혼동되는 모조품이 하나 있다. 그래서 모든 모조품 중에 가장 해로운데, 어찌나 위장술이 뛰어난지 실제로 많은 사람이 이를 참사랑으로 용인한다. 다들 알고 있는 이 모조품은 바로 의존 상태다.

의존 상태란 무엇인가? 상호 간의 사랑과 존중에 기초하지 않고 집착과 자기중심적 욕구에 기초한 관계다. 타인을 평안과 안전과 자신감과 행복과 자존감 같은 내적 갈망의 출처이자 공급원으로 의지하면, 이런 관계가 발생한다. 관계의 기초를 이런 내적 욕구에 두면 베푸는 능력이 손상된다. 오로지 자신의 욕구를 채우기 위해서만 관계에 매달리기 때문이다.

의존 관계에서는 감정이 아주 화끈하지만 대개 변덕스럽고 불안정하다. 이런 관계는 롤러코스터와 비슷해 늘 극심한 기복이 반복된다. 대개 짜릿한 매력과 흥분 뒤에 심한 짜증과 말다툼이 이어진다. 평온한 시기는 별로 없다.

의존 상태이다 보니 이런 사람은 타인에게서 내면의 안정이나 행복감을 얻으려 한다. 그래서 압력을 행사해 상대를 통제하고 관계를 유지하려 한다. 하지만 이런 행동은 자유를 침해하므로 늘 반항심을 낳는다. 의존하는 쪽에서는 이런 반항심을 자신을 버리거나 관계를 끊겠다는 위협으로 받아들인다. 그래서 정서적으로 더 불안해지고, 그럴수록 매달리고 통제하려는 욕구도 더 강해진다. 그야말로 악순환이다.

제리의 부부관계가 바로 그랬다. 매력과 욕구라는 강렬한 감정에 이어 으레 조종과 통제가 뒤따르곤 했다. 그러니 관계가 깨지면 자아까지 붕괴될 수밖에 없다.

의존 상태는 잠수부와 같다

해군 잠수부의 예를 상상해 보라. 쿠바 구딩 주니어와 로버트 드 니로 주연의 영화 〈맨 오브 오너〉(Men of Honor)에 그런 구식 잠수부가 나온다. 그들이 입은 잠수복에는 물 밖으로 연결된 산소 줄이 달려 있다. 거기서 펌프를 통해 잠수부에게 산소가 공급된다. 이런 잠수부는 물 밖의 사람에게 산소를 의존하고 있는 상태다. 밖에서 그에게 자립

하라고 말하거나 산소 줄을 잘라 버리면 어떻게 될까? 잠수부는 오른쪽으로 가려는데 배는 좌회전한다면 어떻게 될까? 의존 관계의 상황도 이와 비슷해 참 자유가 없다. 그런데도 욕구가 워낙 강하다 보니 의존 상대를 향해 절실한 감정이 이입된다.

당신이 물에 빠졌는데 어떤 사람이 산소 줄을 가져왔다고 하자. 그 사람이 소중하지 않을까? 그를 향한 감정이 절실해지지 않을까? 그에게 매달리고 싶지 않을까? 이때 그 사람이 산소 줄을 가지고 그냥 가겠다고 한다면 당신의 기분이 어떻겠는가?

인간은 남의 정서적 지지에 과도히 의존할 수 있다. 그러면 그 양분의 출처를 거두겠다는 위협이 잠수부의 산소 줄을 끊겠다는 위협만큼이나 두렵고 불안하게 느껴진다. 오죽 불안하면 의존 상태인 사람은 극단적이고 필사적인 방법으로 의존 상대에게 자신의 '사랑'을 입증하려 한다. 그를 설득해 붙들어 두기 위해서다. 그런데도 상대가 똑같이 애정을 고백하지 않으면, 의존하는 쪽에서 자신이나 상대를 해치겠다고 위협할 때가 많다. 이게 다 꼭 필요한 그 사람을 계속 통제하려는 수법이다.

제리가 바로 그런 상황에 처해 있었다. 그는 행복감을 얻고자 아내에게 매달렸다. 아내가 없으면 너무 공허했고 자신이 온통 붕괴되는 느낌이었다. 그래서 아내를 계속 통제하려고 자해 소동까지 벌였다. 그러나 아내가 제리의 자살 위협 때문에 곁에 남는다면, 그녀는 자유를 잃고 그 위협의 인질이 된다. 결국, 아내의 원한과 반항심이 깊어져 결혼은 파경을 맞을 수밖에 없다.

의존 상태는 샴쌍둥이와 같다

엉덩이가 서로 붙은 샴쌍둥이를 생각해 보라. 이런 상태로 장성한 사람에게는 그게 정상으로 느껴진다. 그러면서도 평생 둘 사이에 통제권 다툼이 계속된다. 어느 쪽도 혼자서는 기능할 수 없기 때문이다. 혼자 살아 본 적이 없다 보니 이들은 분리를 권유받으면 대개 두려워하고 불안해한다. 양쪽 다 자신의 일부를 잃을 거라고 느낀다. 사실은 상대에 대한 건강하지 못한 애착을 잃을 뿐인데 말이다. 실제로 분리하는 과정은 고통스럽지만 해롭지는 않다. 오히려 둘 다 치유되어 더 자율적인 개인이 된다.

의존 관계의 사람도 똑같은 증상을 많이 경험한다. 건강하지 못한 애착을 끊으려 하면 마치 자신의 일부를 잃는 것처럼 느껴진다. 그래서 분리에 저항할 때가 많다. 해로운 애착이 굳어지면 대개 이를 끊기가 고통스럽다. 하지만 그런 애착을 끊는다고 해서 상대를 잃는 게 아니다. 의존 상태와 그에 따른 통제의 짐을 벗을 뿐이다.

샴쌍둥이는 분리된 뒤에도 계속 함께 시간을 보낼 수 있다. 단 이제는 어쩔 수 없어서가 아니라 자발적 선택이다. 건강하지 못한 접합이 떨어지면 이전에 몸이 서로 붙어 있을 때보다 훨씬 많은 활동을 함께 즐길 수 있다. 2인승 자전거, 숨바꼭질, 공 던지기 등 얼마든지 많이 있다. 마찬가지로 관계도 의존 상태를 벗어나면 더 자랄 수 있다. 각자 누릴 수 있는 건강한 경험이 무수히 많기 때문이다.

의존 상태의 기원

　의존 상태는 어떻게 시작될까? 모든 아이는 부모에게 사랑받고 받아들여지고 싶은 하나님이 주신 갈망을 타고난다. 이는 하늘 아버지와의 관계에서 누리게 되어 있는 사랑과 신뢰의 반사체다. 그런데 모든 아이는 이기심의 병도 타고난다. 그래서 건강한 사랑의 경험과 표현이 일그러지고 일부 막힌다.

　부모의 양육, 아이의 기질, 환경, 아이의 생물학적 체질, 아이의 자발적 선택, 신앙 교육 등 다양한 요인에 따라 이기심이라는 감염 인자가 점점 더 강해져서 건강한 사랑이 끝내 뿌리내리지 못할 수도 있다. 부모는 자녀를 양육하되 이기심을 뽑아내고 건강한 사랑을 심어 줄 일차적 책임이 있다. 그런데 불행히도 늘 그렇지는 못하다. 건강한 사랑이 제대로 발현되지 못하고 대신 이기심이 지배할 때, 흔히 그 결과로 의존 상태가 싹튼다.

　더 깊이 들어가기 전에, 반항적 자녀로 인해 힘들어할 부모들을 위해 자녀 양육의 책임이 어디까지인지 분명히 해 두고 싶다. 자녀의 삶의 결과는 부모 책임이 아니다. 그러나 자녀를 양육하는 행위 자체는 부모 책임이다. 자녀에게도 자유 의지가 있고 또 부모 외에도 영향을 미치는 요인이 많기에 결과는 결코 부모 책임이 아니다. 그러나 부모 자신의 결정과 행동은 늘 본인 책임이다.

　그렇다 해도 부모의 영향은 워낙 중요하므로 진지하게 대해야 한다. 건강하지 못한 양육은 자녀에게 상처를 남겨 자녀 쪽에서 건강한 성품을 기르기가 더 어려워진다. 하지만 부모의 양육이 건강하지 못할 뿐 아니라 공공연히 학대까지 했어도, 자녀가 학대의 상처를 치유받고 결국 온전해질 수도 있다. 건강한 양육으로 좋은 결과가 보장되지는 않지만, 그런 목표를 이루기가 훨씬 더 유리해진다. 마찬가지로 양육이 건강하지 못했다 해서 반드시 결과가 나빠지는 건 아니지만, 좋은 결과를 내기가 더 힘들고 불리해진다.

모든 아이는 부모의 칭찬과 인정을 갈망한다. 그런데 역기능 가정에서는 이 인정 욕구가 건강한 방식으로 채워지지 않는다. 기본적 역기능은 부모 자신의 방치된 이기심이다. 이런 부모는 자기를 희생해 자녀의 필요를 채워 주는 게 아니라 아이를 통해 자신의 욕구를 채우려 한다. 건강하지 못한 부모는 인정과 비난의 신호를 뒤섞어 보내 아이를 정서 불안에 빠뜨린다. 상반된 신호 때문에 아이는 내적으로 건강한 자의식을 기르지 못하고 늘 부모의 외적인 인정에 의지하도록 길들여진다. 거기서 사랑과 인정과 수용에 과도히 집착하는 심리가 생겨난다.

이런 아이는 부모의 애정을 얻어내려고 기를 쓰고, 부모는 부모대로 그런 본능을 이용해 계속 아이를 통제하고 조종한다. 부모를 향한 양가감정은 아이가 커 갈수록 더 깊어진다. 부모의 인정을 간절히 바라다가도 어느새 원망과 분노가 치민다. 부모를 향한 이런 파괴적 적대감은 다시 죄책감을 낳고, 죄책감에는 두려움이 따라온다. 분노와 원망을 행여 실행에 옮겼다가는 부모를 잃어, 그토록 간절히 갈구하던 인정을 영영 얻지 못할 거라는 두려움이다.

건강하지 못한 가정의 자녀는 불행히도 끝내 인정받지 못한다. 어린아이는 부모를 이상화한다. 그들의 눈에는 부모가 완벽에 가까워 거의 초자연적 능력을 지닌 존재로 보인다는 뜻이다. 그러다 보니 부모

에게 거부당한 아이가 내릴 수 있는 결론은 하나뿐이다. "완벽한 엄마
(아빠)가 나를 받아 주지 않으니 분명히 나한테 문제가 있는 거야." 정
작 문제는 부모에게 있는데 아이는 이를 분간할 줄 모른다.

　당신이 근처 슈퍼마켓에서 나오다가 주차장에서 5세 여아에게 욕
하는 50대 남자를 보았다고 하자. 그는 아이에게 온갖 지독한 쌍욕을
퍼붓고 있다. 당신은 즉시 이런 생각이 들까? '다섯 살 먹은 여자아이
가 얼마나 못됐으면 저럴까?' 아니다! 그 남자 쪽의 문제임을 당신은
즉각 알아차린다. 하지만 어린 소녀는 기분이 어떨까? 어떤 생각이 들
까? 게다가 이 남자가 아이의 아빠라면 어떨까? 이 5세 여아처럼 살아
가는 사람이 너무 많다. 남이 함부로 대할 때마다 그들은 자신에게 문
제가 있다고 믿는다. 이 책 서두에 소개했던 〈그녀〉를 떠올려 보라. 그
녀도 이런 잘못에 빠졌다. 그녀는 남에게 욕을 들은 정도가 아니라 비
열한 학대를 당했다. 그런데도 그게 자신의 문제가 아니라 자기를 학
대한 사람의 문제임을 깨닫지 못했다.

　역기능 가정에서는 그게 자아와 타인을 대하는 틀로 굳어진다. 아
이의 정신력이 발달해 이런 문제를 충분히 성찰하고 분석하기 이전부
터 말이다. 그래서 아이는 문제를 의식하지도 못한 채 그런 시각 속에
살아간다. 역기능 가정에서 자란 사람은 남의 의견이나 평가에 의존해
자신의 가치를 측정하도록 길들여진다. 그래서 남의 생각이 진실보다
중요하다는 잘못된 신념을 무의식중에 받아들인다.

　이런 상황에 처한 자녀는 마치 자신이 어딘가 부실한 듯 느껴져, 무
슨 수를 써서라도 그토록 갈구하는 인정을 얻어내려 한다. 하지만 누
구에게서도 얻지 못한다. 결코, 얻을 수 없다. 외부에서 아무리 잘 인정

해 주어도 좀처럼 양이 차지 않는다. 그의 정체감 자체가 유년기의 들쭉날쭉한 경험에 기초해 형성되었기 때문이다. 불행히도 이런 자녀일수록 문제가 자신에게 있지 않고 잘못된 양육에 있음을 대개 깨닫지 못한다. 그 결과 왜곡된 자아상에서 헤어나지 못한다.

의존 상태는 수소의 젖을 짜려는 것과 같다

농장에 가서 아침마다 수소의 젖을 짜려 한다고 상상해 보라. 아무리 간절히 우유를 원해도 수소가 자기에게 있지도 않은 걸 줄 수는 없다. 그러나 당신이 농장에 대해 문외한이라 수소에게서 젖이 나지 않는다는 사실도 모른다고 하자. 당신은 경험 부족이 문제라고 결론짓고 날마다 또 젖을 짜러 나간다.

계속되는 실패에 속이 답답하던 차에 불현듯 당신은 실패의 원인을 깨닫는다. 소가 빨간색을 싫어한다는 글을 읽은 기억이 난다. 여태 당신은 젖을 짜러 갈 때마다 빨간색 수건을 둘렀었다. 그래서 이제 다른 색으로 바꾼다. 그래도 젖은 나오지 않는다.

이번에는 동물이 음악을 좋아한다는 말이 생각나 스테레오를 가져다가 다양한 노래를 들려주지만 역시 젖은 나오지 않는다. 가끔 소에게 애원도 해 보지만 소용없다. 식단을 바꾸면 젖이 날까 싶어 특식도 먹여 보지만 헛수고다.

이쯤 되자 당신은 속상한 정도를 넘어 화가 치민다. 소를 총살해 버릴까 하는 생각도 잠시 들지만, 그 순간 안에서부터 감정이 폭발하면서 기적(汽笛)처럼 빽 소리를 낸다. '소를 죽이면 우유를 영영 짤 수 없잖아.' 그제야 지독한 죄책감이 밀려오면서 전체 과정이 다시 시작된다.

이 비유에서 문제는 무엇인가? 진실을 보지 못하는 데 있다. 수소에게서는 젖이 나지 않는다! 자녀에게 필요한 인정과 사랑과 수용을 줄 줄 모르는 부모가 있다. 그런데 나를 찾아오는 많은 환자는 자신의 부모가 그런 사람이라는 사실을 여간해서 받아들이지 못한다. 그러면 계속 부모에게 조종당하기 쉽고 끝없는 만성 불안에 시달린다. 문제가 자신에게 있다고 계속 믿기 때문이다.

앞의 비유에서 소에게 지성이 있다고 가정해 보자. 당신에게 주목받고 특별대우를 받는 게 좋아서 소가 당신을 이렇게 유도할 수도 있지 않을까? 계속 노력하면 언젠가는 젖이 나올 거라고 믿게끔 말이다. 불행히도 실제로 그런 사람이 많이 있다. 그들은 너무 자기중심적이라서 타인에게 양분을 공급할 줄 모르지만, 그럼에도 자신에게 인정받으려는 타인의 관심이 마냥 좋다. 그래서 의존하는 쪽에게 언젠가는 소원대로 사랑과 인정을 받을 거라는 환상을 심어 준다.

다시 농장으로 돌아가, 마침내 당신은 수소에게서 젖이 나지 않음을 깨닫는다. 그렇다고 앞으로 수소와는 상종도 할 수 없다는 뜻일까? 물론 아니다. 수소에게는 쟁기나 달구지를 끌게 할 수 있다. 차이라면 이제 우유를 수소에게 의존할 필요가 없어졌기 때문에 당신이 이 소에게 속박되지 않는다는 점이다. 이제 당신은 홀가분하게 왕래할 수 있다.

의존 상태에서는 타인의 분노를 용납하기 어렵다

사랑하는 사람에게는 선을 정해 놓고 거절하기가 어렵다. 나의 거절을 상대가 싫어할 게 빤할 때는 특히 더하다. 타인의 분노에 맞서기란 몹시 불편한 일이다. 그게 건강한 행동일 때도 그런데, 하물며 부모가 자녀를 자신의 역기능적 인정에 의존하도록 길들였으면 더 말할 것도 없다. 상황에 직면하기보다 문제를 무시하는 게 더 쉬워 보인다. 하지만 그 결과는 대개 훨씬 더 참담하다. 문제가 계속 쌓이기 때문에 마침내 해결에 나설 즈음에는 대개 문제가 훨씬 커져 있다.

의존 행위는 하나님의 법인 사랑과 자유에 어긋나므로 가망 없는 악순환이다. 그 결과 불행히도 자존감과 자부심과 자신감이 더 떨어지고, 그럴수록 인정 욕구는 날로 더 집요해진다. 그래서 이 덫에 갇힌 사람은 늘 텅 빈 항아리가 되어 남의 정서적 지지로 채움을 받으려 한다. 하지만 밑 빠진 독에 물 붓기인지라 진정한 안정이나 행복을 경험하지 못한다. 양분을 베푸는 쪽은 결국 진이 빠지고 한계에 달해 더는 베풀 수 없다. 그러면 의존하는 쪽에서는 양분의 상실을 거부로 해석해 엄청난 적의와 분노로 대응한다. 이게 바로 사랑의 지독한 모조품인 의존 상태의 생리다.

참사랑은 본성이 아니다

환자들에게 참사랑을 어떻게 분간하느냐고 물으면 "느낌으로 안다"고 답하는 사람이 너무 많다. 하지만 이미 확인했듯이 감정은 전혀 믿을 수 없으며 우리를 속일 때도 많다. 일례로 자신이 사랑에 빠진 줄로 알았는데 나중에 알고 보니 착각이어서 혼란스러웠던 경험은 우리 중에도 많이 있다.

본성적으로 인간에게는 참사랑이 없다. 우리의 본능적 욕망, 이기심, 유전 형질, 자기중심성, 이드 등과 정반대되는 게 사랑이다. 참사랑은 상대에게 가장 유익한 쪽으로 행동하는 원리다. 감정과 무관하게 베푸는 선행의 원리다.

당신이 부모라면 자녀에게 예방 접종을 맞히던 일이 기억나는가? 당신이나 자녀나 기분이 좋았는가? 그런데 왜 했는가? 예방 접종이 자녀에게 유익한 일임을 이성과 양심으로 인식했기 때문이다. 자녀를 사랑하기에 당신은 자녀가 아프게 바늘에 찔려도 그냥 두었다. 아프게 하려던 게 아니라 아픔은 예방 접종의 부득이한 일부였다.

어린 자녀는 이해하지 못할 수도 있다. 그런 의미에서 당신은 오해받을 위험을 무릅쓴 셈이다. 아이 입장에서는 예방 접종이 어떻게 느껴졌을까? "엄마 아빠, 왜 이러세요? 나를 아프게 하는 사람을 왜 그냥 두세요? 나를 사랑하지 않는 건가요?"

그러나 자녀를 사랑하기에 당신은 아이를 잘되게 하기 위해서라면 기분 나쁜 오해쯤이야 개의치 않는다. 사랑이란 그런 것이다. 기분 좋을 때도 있지만 아플 때도 있다. 그래도 사랑은 늘 치유하고 늘 보호하고 늘 세워 준다. 사랑은 결코 해치거나 자기의 유익을 구하지 않는다.

사랑은 옳은 길을 간다

겟세마네 동산의 그리스도를 생각해 보라. 그분은 인류 역사상 가장 위대한 사랑의 행위인 십자가를 앞두고 계셨다. 그런데 기분이 어땠는가? 고민하여 죽게 되었을 정도로 괴로우셨다(참조 마 26:36~44, 막 14:32~42, 눅 22:39~46). 행동의 기초를 감정에 두셨다면 그분은 십자가를 지지 않으셨을 것이다. 사랑은 감정이 아니라 감정에도 불구하고 선택하는 행동이다.

남을 사랑하는 사람은 상대를 잘되게 하기 위해서라면 오해받을 위험도 무릅쓴다. 구약 곳곳에서 하나님도 그러셨다. 그분이 천방지축인 자기 백성의 시선을 끄시고자 여러 번 언성을 높이심은 그들의 자멸을 막으시려는 사랑 때문이었다. 그러느라 그분이 무릅쓰신 위험을 생각해 보라. 많은 사람이 하나님을 복수심에 찬 무섭고 자의적인 존재, 무조건 우리 쪽에서 달래야 하는 존재로 예단할 수 있다. 실제로 그렇게 결론지은 사람도 많다. 그래도 사랑은 남이 어떻게 볼지 신경 쓰지 않고 이성적으로 옳은 길을 간다. 단순히 그 길이 옳고 이성적이기 때문이다.

참사랑은 하나님을 아는 데서 비롯된다. 그분을 알면—우리로서는 특권이다—그분이 우리에게 다가오려고 치르신 엄청난 희생에 우리 마음이 무너져 그분을 찬송하고 경배하게 된다. 친히 감수하신 특단의 조치를 인식하면 우리 마음에 감사가 차오른다. 그분을 알아 갈수록 더 그분을 사랑하고 흠모하고 존중하고 신뢰하게 된다. 그분의 방법과 원리를 배워서 삶 속에 실천하게 된다. 진리와 건강을 위해 싸우고픈 갈망이 마침내 우리의 사리사욕을 앞지른다. 그리하여 우리는 두려움과 불안에서 벗어나 한 차원 높은 실존으로 올라선다. 하나님이 우리 내면을 재창조하시고 위로부터 능력을 부어 주시기에 우리는 계속 발전하고 성장할 수 있다.

사랑은 의존 상태의 반대다

사랑은 치유하지만, 의존 상태는 파괴한다. 사랑은 해방하지만, 의존 상태는 늘 통제하려 든다. 사랑은 베풀지만, 의존 상태는 취하기만 한다. 사랑은 두려움을 모르지만, 의존 상태는 두려움에 찌들어 있다. 사랑은 남에게 관심을 쏟지만, 의존 상태는 자기밖에 모른다. 사랑은 안정적이지만, 의존 상태는 요동한다. 사랑은 질서 있고 믿을 만하지만, 의존 상태는 혼란스럽고 믿을 수 없다. 사랑의 기초는 원칙이지만, 의존 상태의 기초는 감정이다. 사랑은 일관되지만, 의존 상태는 변덕스럽다. 사랑은 정직하고 진실하지만, 의존 상태는 거짓말하고 속인다. 사랑은 오래 참지만, 의존 상태는 충동적이다. 사랑은 온유하지만, 의존 상태는 무자비하다. 사랑은 용서하지만, 의존 상태는 원한을 품는다. 사랑은 보호하지만, 의존 상태는 착취한다. 사랑은 자기를 희생하지만, 의존 상태는 남을 희생시킨다. 사랑은 끝이 없지만, 의존 상태는 오래가지 못한다. 사랑은 언제까지나 떨어지지 않지만, 의존 상태는 끝내 성공하지 못한다.

09

믿음—

사실인가 허구인가?

이성 없이 믿으라는 말은
무용하다. 차라리 깨지 말고
잠들라는 말이 낫다.
—바이런 경

정신치료의 첫 단계는 환자와의 사이에 라포, 즉 치유 동맹을 형성하는 일이다. 의사에 대한 신뢰와 확신과 믿음이 없는 환자는 치료 계획을 실천하지 않는다. 우리를 치유하시려는 하나님의 계획에서도 마찬가지다. 우리도 치유 동맹이 없으면—하나님을 신뢰하거나 믿지 못하면—그분의 치유 계획을 삶 속에 적용하지 않는다. 그래서 하나님은 우리에게 그분을 향한 신뢰와 믿음을 길러 주시려고 전력을 다하셨다. 그렇다면 믿음이란 정확히 무엇이고, 어디서 비롯되며, 어떻게 작용하는가?

내가 안다면 아는 거다!

어느 유명한 텔레비전 전도자가 자신을 정신적으로 지지하는 열광적인 청중에게 "나는 압니다. 내가 안다면 아는 겁니다"라고 열변을 토했다. 편안한 거실에서 시청하던 나는 '어떻게 안다는 거지?'라는 의문이 들었다. 저토록 당당한 주장의 근거가 밝혀질까 싶어 계속 시청했지만 안타깝게도 그는 끝내 설명하지 않았다. 그냥 안다고 주장할 뿐이었다.

그는 믿음을 고백했지만, 그 기초를 분명히 탐색하거나 근거를 밝히지 않았다. 그가 믿음에 접근하는 방식은 내게 어느 소년의 이런 설명을 연상시켰다. "아닌 줄 알면서도 믿는 게 믿음이다." 이게 정말 믿음의 정수일까?

최근에 나는 인근 고등학교의 졸업식에 참석했다가 어느 우등생의 연설을 들었다. 그 학생은 학업에 성공하는 데 믿음이 요긴한 역할을 했다며 H. L. 멘켄(H. L. Mencken)의 말을 인용했다. "믿음을 간단히 정의하자면 발생할 성싶지 않은 일의 발생을 비논리적으로 믿는다는 뜻이다." 이 말도 그 소년이 정의한 믿음과 아주 비슷하게 들렸다. 정말 증거 없이 믿는 게 믿음일까? 이치에 맞지 않는데도 믿어야 할까? 아무리 보아도 반대로 판단되는데도 기어이 사실이라고 확신해야만 믿음일까?

무사할 거라는 의사의 말

당신이 고열, 가래 기침, 오한, 식은땀, 근육통 등 여러 증상으로 며칠째 아팠다고 하자. 깊은숨을 쉬면 가슴에서 이상한 소리도 난다. 그래서 근처 응급실로 간다. 다행히 담당의가 그리스도인이다. 그는 증상을 듣더니 저만치 가서 고개를 숙이고 기도한다. 그 모습에 당신은 더 힘이 난다. 그런데 그가 돌아와서 하는 말에 당신의 심장이 덜컹 내려앉는다. "다 잘 들었습니다만 기도해 보니 아무 문제도 없을 거라는 아주 좋은 느낌이 듭니다. 제가 알기로 무사할 테니 집에 가시면 됩니다."

이제 당신은 어떻게 할까? "내가 무사할 줄을 어떻게 압니까?"라고 묻지 않을까? 그가 "내가 안다면 아는 겁니다"라고 답한다고 하자. 그 결로 충분할까? 이제 당신은 집으로 돌아갈까? 아니면 다른 의사에게 재진을 받고 싶을까?

잠시 후 다른 의사가 들어와 당신의 이력을 듣고 체온과 심박수와 혈압을 잰다. 허파를 청진하고 검사를 주문하고 혈구 수치를 파악한 뒤 흉부 엑스레이를 넘겨받아 자세히 살핀다. 이 모든 증거를 확보해 검토한 끝에 폐렴이란 결론을 내린다.

광범위한 증거에 기초한 이 진단을 듣고 나서 당신은 이 의사가 옳다는 확실한 느낌이 들지 않을까? 확신과 신뢰와 믿음이 느껴지지 않을까? 그렇다면 이 감정은 그 자체로 증거인가, 아니면 증거의 결과인가?

우리 사고가 진실을 알게 되면 확신의 느낌이 수반된다. 진실을 더 잘 알수록 신뢰와 믿음도 커진다.

위와 같은 상황에서 우리의 반응도 대부분 비슷할 것이다. 의사의 진단을 듣고서 옳다고 수긍이 가면 신뢰감과 믿음이 생긴다. 크게 한 시름 놓으면서 기분이 좋아진다. 사실 기분이 어찌나 좋은지 많은 사람이 무심코 그 기분을 진실 자체로 착각한다. 하지만 감정이 곧 진리는 아니다!

성경의 증거인가 감정의 위력인가?

레지던트 시절에 우리 팀에 종교적 확신이 아주 강했던 인턴이 있었다. 믿는 내용이 똑같지는 않았지만, 그와 나는 서로의 관점 차이를 논하며 많은 시간을 보냈다. 안 지 얼마 되지 않아 아직 서로의 종교적

배경을 자세히 나누기 전에, 그는 내게 흠정역 성경을 믿는다고 말했다. 그 사실에 고무되어 나는 함께 공부하면 참 좋겠다는 생각이 들었다. 성경 공부를 하다 보면 탄탄한 증거가 나올 테니 금방 신앙의 교제가 더 깊어지리라고 순진하게 생각했다. 불행히도 그런 일은 없었다.

그는 공부 중에 새로운 통찰을 얻고 마냥 좋아하다가도 이튿날이면 완전히 기존 견해에 대한 확신으로 돌아가곤 했다. 놀랍게도 그럴 만한 새로운 증거를 하나라도 내놓은 적은 없었다.

알고 보니, 성경의 증거가 그에게 거의 영향을 미치지 못한 데는 이유가 있었다. 그가 진리를 분별하던 방법은 19세기 어느 작가의 한 핵심 본문에 기초해 있었다. "또 너희가 이 기록을 받거든, 내가 너희를 권면하거니와, 너희는 혹 이 기록이 참되지 아니한지 그리스도의 이름으로 영원하신 하나님 아버지께 간구해 보라. 너희가 만일 그리스도를 믿는 신앙을 가지고, 진정한 의도를 지니며, 진실한 마음으로 간구할진대, 그는 성신의 권능으로 너희에게 이것의 참됨을 드러내어 주시리라. 또 성신의 권능으로 너희는 모든 것의 참됨을 알게 되리라."[1]

언뜻 보면 좋은 말 같지만 그 동료는 이를 이렇게 해석했다. "무언가가 참인지 여부를 알려면 굳이 증거를 찾아내서 하나님이 주신 논리력으로 그 증거를 검토하고 기존의 계시와 비교해 볼 필요가 없다. 그냥 골방으로 가서 기도로 하나님께 감화를 구하면 된다. 참인지 아닌지 확실히 알려 줄 느낌을 구하면 된다."

---

1 몰몬경, 모로나이서(moroni) 10:4~5.

이런 결론은 앞서 말했던 응급실의 첫 의사의 태도와 비슷하다. 명확한 증상에도 불구하고 그는 '아무 문제도 없을 거'라는 아주 좋은 느낌'이 들었다. 확신의 느낌이 증거보다 중요했다. 아예 확신의 느낌이 최고의 증거로 받아들여져 다른 모든 증거를 대체했다.

그러나 야고보서 1장 13~14절은 우리에게 이런 주관적 태도를 삼가라고 경고하면서, 거기에 잠재된 위험을 다른 영역에서 이렇게 지적한다. "사람이 시험을 받을 때에 '내가 하나님께 시험을 받는다' 하지 말지니 하나님은 악에게 시험을 받지도 아니하시고 친히 아무도 시험하지 아니하시느니라. 오직 각 사람이 시험을 받는 것은 자기 욕심(또는 감정)에 끌려 미혹됨이니."

진리는 악의 편이 아니다. 그래서 사탄은 무슨 수를 써서라도 사람을 꾀어 진리를 믿지 못하게 한다. 진리 대신 감정을 따르는 사람은 비단 내 인턴 친구만이 아니다. 많은 선의의 그리스도인도 똑같이 행동한다. 진리를 깨달아 실천하는 게 아니라 무언가 내면의 감정을 기다렸다가 그대로 행동한다.

엠마오 길

그리스도께서 부활하신 후에 엠마오 길을 걷고 있던 두 제자에게 그분이 합류하셨는데 그들은 알아보지 못했다. 십자가 사건 때문에 낙심에 빠져 있던 그들을 그리스도는 어떻게 대하셨던가? 기적을 행하시며 자신이 부활하신 구주임을 선포하셨던가? 그렇지 않다! 대신 그분은 성경을 쭉 훑어가며 증거를 밝혀 자신이 누구이고 자신의 사명이 무엇인지 그들에게 확증해 주셨다. 성경의 충분한 증거로 그들이 확신에 이르자 그제야 자신의 정체를 드러내셨다. 성경의 증거를 풀어 주실 때 그들의 마음이 속에서 뜨거워졌다(눅 24:13~32). 다시 말해서 증거가 감정의 변화를 낳았다. 재차 말하지만, 감정이 곧 증거는 아니었다. 이게 왜 중요한가? 주장이야 누구나 내세울 수 있지만, 진리는 오직 진실한 사람만을 지지해 주기 때문이다.

빌 클린턴은 모니카 르윈스키와 성관계를 하지 않았다고 국가 앞에 선언했지만, 그녀가 옷을 증거로 내놓자 그의 거짓이 탄로났다. 마찬가지로 사탄도 억지 주장을 펴지만, 진리는 하나님께만 있다. 그래서 그분은 "하나님이 그렇다면 무조건 그런 거다"라는 식의 믿음을 우리에게 바라지 않으시며 그러실 필요도 없다. 진리를 따라가면 늘 하나님을 만난다. 그리스도는 "진리가 너희를 자유롭게 하리라"(요 8:32)고 말씀하셨다.

믿음은 바라는 것들의 실상이다

"믿음은 바라는 것들의 실상이요 보이지 않는 것들의 증거니"라고 한 히브리서 11장 1절 말씀을 생각해 보라. 이치에 닿지 않거나 증거가 없어도 그냥 믿어야 한다는 뜻일까?

흠정역에 쓰인 '실상'(substance)의 어원은 헬라어 hypostasis에서 유래한 라틴어 단어다. 약간의 낱말 연구로 이 두 단어가 무슨 뜻인지 살펴보자. 우선 hypostasis는 두 부분으로 되어 있는데 hypo는 '낮다, 아래'라는 뜻이다. 저혈당, 저혈압, 피하 주사 등에 이 접두사가 쓰인다. stasis는 '서 있다, 정지'라는 뜻이다. hypostasis가 라틴어로는 substance로 번역된다. 이 단어도 합성어로 sub는 지하, 지하철, 잠수함에서처럼 '아래'를 뜻하고 stance는 '서 있다'라는 뜻이다. 이 의미를 살려서 본문을 현대어로 옮기면 "믿음은 바라는 것들의 이해(under-standing)요 보이지 않는 것들의 증거니"가 된다.

당신에게 초등학교 1학년에 다니는 딸이 있다고 하자. 딸이 학교에 가 있는 동안 당신이 선물을 사서 포장해 옷장에 둔다. 집에 돌아온 딸에게 옷장에 선물이 기다리고 있으니 가 보라고 한다. 딸은 갈까? 간다면 아직 받지도 않은 선물의 실상(이해)에 기초해 갈까? 아니다! 아직 보지도 못한 선물의 증거에 기초해 옷장으로 향할까? 그것도 아니다! 그러면 왜 그리로 달려갈까? 당신을 믿기 때문이다. 선물에 대한 증거나 이해는 아이에게 없어도 당신의 정직성과 진실성과 신뢰성에 대한 이해와 증거는 넘쳐난다.

하늘의 옷장에도 영생과 영광의 면류관과 천국 집 등 풍성한 선물이 우리를 기다리고 있다. 그런 게 존재한다는 물리적 증거는 우리에게 없으나 하나님의 존재와 진실성과 신뢰성과 선하심에 대한 이해와 증거는 넘쳐난다. 그러므로 우리가 하나님을 믿는 기초는 감정이나 희망 사항이나 감화가 아니라 하나님의 기록된 말씀과 자연에 공히 계시된 확실한 증거다(참조 롬 1:20).

당신의 딸은 선물을 가지러 가면서 두렵고 불안해 주춤거릴까? 옷장에 정말 선물이 있을지 의심할까? 아니면 가지러 가면서부터 이미 선물의 기쁨을 만끽하며 신나게 깡충깡충 뛸까? 그리스도인의 반응도 후자와 같아야 한다. 천상의 선물로 인해 지금부터 기쁨을 누려야 한다. 선물을 약속하신 그분이 믿을 만한 분이기 때문이다.

하늘 저편의 하나님

근래의 어느 성경 공부 교재에 이런 개념이 나와 있었다. "믿음은 항상 필요하다. 다 보이거나 이해되지 않아도 믿는 게 믿음이다. 다 보이거나 이해된다면 믿음이 필요 없다. 머리 위에 하늘이 있음은 믿음이 없어도 안다. 그냥 올려다보면 된다. 그러나 하나님은 보이지 않게 하늘 저편에 계시므로 그분을 따르려면 믿음이 필요하다."[2]

믿음을 그렇게 이해하는 게 옳다면, 이담에 천국에 가서 하나님을 대면해 만날 때 "주님, 전에는 주님을 믿었으나 이제 직접 뵐 수 있으니 더는 믿지 않습니다"라고 말할까? 아니면 믿음이 오히려 백만 배나 더 강해질까?

증거 없이 믿고 감정과 느낌대로 받아들이면 종래에는 아무거나 다 믿게 될 위험이 있다. 게다가 감정을 기준으로 믿음의 강도를 측정하면 신앙 수준에 대한 평가도 감정을 따라 널뛴다. 변덕스러운 감정으로 하나님의 임재를 판단해 어떤 때는 그분이 가까이 계시고 어떤 때는 그렇지 않다고 단정하게 된다.

---

2 "Bible Biographies, Actors in the Drama Called *Planet Earth*," *Adult Bible Study Guide*, 2001년 4~6월, p. 90.

진리는 항상 하나님을 지지한다

선과 악의 싸움에서 진리는 항상 하나님을 지지하고 사탄을 논박한다. 그래서 사탄은 사람을 꾀어, 믿더라도 진리를 중시하거나 증거를 조사하지 않고 그냥 믿게 해야 한다. 이성과 양심이라는 정신 기능—진리가 사고 속에 들어오는 통로—을 아예 완전히 파괴할 수 있다면 그는 더 행복하다. 이성과 양심이 없이는 아예 참과 거짓을 가려낼 수 없으니 말이다.

심령술—믿음의 모조품

각종 심령술은 참믿음을 모조하고 성령의 역사를 모조한 사탄의 최대 역작 중 하나다. 성령이 역사하시는 방법이라면 이미 누차 언급했다. 그분은 우리의 사고로 이해할 만하게 진리를 계시해 주신 뒤 우리 스스로 결론에 도달하도록 자유롭게 두신다. 우리가 진리를 따르기로 결단하면 그분이 실천할 수 있는 능력을 충분히 주신다. 이 방법으로 하나님은 늘 영적 속성—이성과 양심—을 강건하고 고결하게 해 주신다. 그래서 우리는 분별력과 지혜가 계속 자라 가고, 성품이 정화되며, 안정과 절제가 몸에 밴다.

그러나 성령의 역사를 교묘히 모조한 심령술은 사고를 치유하기는 커녕 이성과 양심을 서서히 파괴한다. 어찌나 교묘한지 많은 기독교 진영에 침투하는데도 눈에 띄지 않는다. 많은 사람이 심령술을 우려하지만 이를 식별할 줄조차 모른다.

마법, 사술, 점, 주술, 흑마술, 운세, 점성술 등 모든 형태의 심령술에

흐르는 공통분모가 하나 있다. 심령술을 식별하려면 이 요소를 찾아라. 그러면 아무리 위장하고 있어도 정체가 보인다. 심령술은 이성을 구사하거나 증거를 조사하지 않고 지식을 얻으려는 시도다.

진리는 사탄을 논박하므로 그가 성공할 가망은 사람을 꾀어 진리와 증거 이외의 것을 중시하게 하는 수밖에 없다. 그래서 사탄은 우리를 부추겨 이성과 증거에 의지하지 않은 상태에서 지식을 찾게 한다. 그러면 우리 안에 있는 하나님의 형상이 점차 파괴된다. 두렵고 불안해서 미신적인 사람이 된다. 이치에 어긋나는 것을 믿는 사이에 이성이 녹슬기 때문이다.

이성이 제구실을 못하면 미성숙한 그리스도인이 되어 온갖 교훈의 풍조에 밀려 요동한다. 이성을 구사해 증거를 살펴야만 장성한 분량이 충만한 데까지 이르러 참과 거짓을 가려내는 그리스도인이 될 수 있다. 진리는 우리를 자유롭게 할 뿐 아니라 또한 치유해 준다.

믿음은 기적에 의존하지 않는다

사탄은 또 표적과 기사에 의지해 사고를 교란한다. 에덴동산의 하와를 생각해 보라. 그녀는 말하는 뱀이라는 기적을 체험했으나 그 기적 때문에 뱀의 말이 옳다고 입증된 것은 아니다.

당신이 교회 제직회에 참석 중이라고 상상해 보라. 논제가 세례를 보는 두 가지 관점으로 바뀌자 한 임원이 일어나 성령께서 자기 입장을 지지하심을 입증하겠다고 장담한다. 그러면서 그는 어려서 소아마비를 앓은 다른 임원에게 다가가 "주님의 이름으로 걸으라"라고 외친다. 그러자 그가 정말 일어나 실내를 돌아다닌다. 그렇다면 이는 첫 임원의 입장이 옳다는 증거인가? 그럴 리 없다! 기적에도 모조품이 있다. 표적과 기사가 수반되지 않아도 진리는 진리다. 사탄에게 진리는 없으나 그는 상당한 기적으로 인류를 홀릴 수 있는 초자연적 존재다. 진리만을 붙들어야 한다는 가치관을 습득하지 못한 사람은 속아 넘어간다.

믿음은 사고의 치유에 필수다

믿음은 하나님의 손을 잡으려고 내미는 손이다. 그래서 사고가 치유되려면 믿음이 필수다. 하지만 믿음이 치유력을 발휘하려면 증거와 진리와 사실에 기초해야만 한다. 감정이 믿음에 수반될 수는 있으나 결코 믿음을 규정하지는 않는다. 믿음은 진리를 통해 정립된다. 따라서 진리를 더 잘 알수록 믿음도 커진다.

반면에 심령술은 참믿음의 모조품으로서 앞서 보았듯이 이성을 구사하거나 증거를 조사하지 않고 지식을 얻으려 한다. 심령술은 도취감이나 기적을 얻고자 증거를 희생한다. 표적과 기사를 통해서는 믿음이 정립되지 않는다. 기적에도 모조품이 있기 때문이다. 이미 말했듯이 기적이 수반되지 않아도 진리는 진리다.

서두에 소개한 〈그녀〉를 생각하면 기억나는 게 있다. 이 환자는 누가 자기를 믿어 달라고 말하면 노하곤 했다. 하나님을 신뢰하라는 말에는 특히 격노했다. 하나님을 신뢰하는 근거가 이성적 증거에 있음을 알았다면 확신컨대 그녀도 마음이 편했을 것이다. 그런 하나님이라면 그녀도 좋아했을 것이다. 하나님은 무턱대고 그분을 신뢰하라고 요구하시는 분이 아니라 그저 믿을 만한 모습을 보이시면서 우리에게 그분을 알고 나서 스스로 결정하라고 권유하신다. 그녀도 이를 알게 될까?

10
질서의 회복

20대의 제인(Jane)은 날씬한 금발의 미모였고 파란 눈에서 자체 광선이 뿜어져 나오는 듯했다. 양친이 다 있고 개와 고양이도 있는 꽤 전형적인 중산층 가정에서 삼남매의 둘째로 자랐다. 학대당한 적은 없지만, 맏이와 막내의 사이에 끼어 무시당한다고 느껴질 때가 많았다. 성적도 뛰어나고 행동도 모범적이고 학교에서 상도 많이 받았지만 그래도 자신이 기준 미달이라고 결론지었다. 어언 성인이 된 제인은 자신이 쓸모없다는 느낌에 만성적으로 시달렸다.

많은 환자를 대하다 보면 자신이 쓸모없다는 느낌이 가장 흔한 문제 중 하나다. 감정의 위력에 대응하는 법을 배우기 위해 지금부터 이 예를 하나님이 설계하신 사고 위계에 비추어 검토해 보자.

흔히들 까다로운 감정을 다룰 때 범하는 가장 큰 실수는 감정 자체를 사실로 받아들인다는 점이다. 대다수 사람은 자신이 쓸모없게 느껴지면 사고의 통제를 그 감정에 내준다. 그러면서 굴욕적이거나 기죽이는 상황에 처했던 자신을 떠올린다. 그러면 생각이 감정의 위력에 놀아나 부정적 사고가 급류처럼 머릿속을 휘젓는다. "어떻게 내가 그렇게까지 미련할 수 있지?" "아무짝에도 쓸모없는 이 못난이야, 그 남자가 왜 너랑 데이트를 나가겠니?" "너는 제대로 하는 게 하나도 없지. 아예 관둬라."

이런 부정적 사고는 자신이 쓸모없다는 감정을 부채질하고, 그 감정을 자꾸 키우면 자라서 거짓 신념으로 단단히 굳어진다. 거짓 신념이 속속들이 배어들면 이제 사고는 모든 경험을 그 신념으로 걸러낸다. 왜곡된 자아상에 일치되는 경험은 반복 재생되면서 자신이 쓸모없다는 감정과 신념을 더 굳혀 준다. 반면에 거짓 신념을 논박해야 할 긍정적 경험은 사고가 무시하고 거부한다. 바로 제인이 그런 정신적 고뇌를 자초해 그 속에 살아가고 있었다. 덫에 갇힌 심정인데 빠져나올 길이 막막했다.

자신의 가치를 어떻게 아는가?

그리스도는 "진리가 너희를 자유롭게 하리라"(요 8:32)라고 말씀하셨다. 자신이 쓸모없게 느껴진다는 환자들에게 나는 몇 가지 질문으로 상황을 직시하게 한다. "당신은 정말 쓸모없습니까? 정말 전혀 무가치합니까?" 어떤 답이 나오든 또 이렇게 묻는다. "그걸 어떻게 압니까?" 이는 모든 감정에 적용되는 사안이다. 감정의 말이 참인지 아닌지 어떻게 아는가? 다 진짜처럼 보여도 감정은 우리를 속일 수 있다. 그런데 어떻게 감정이 맞는지 틀리는지 분간할 수 있는가? 이런 질문을 던지는 목적은 이성을 자극해 이 정신적 싸움에 끌어들이기 위해서다. 진리는 이성을 통해 사고 속에 들어온다. 그러므로 반드시 이성이라는 정신 기능을 강화해 주는 접근법을 써야 한다.

이런 상황을 생각해 보라. 검은 양복을 입고 선글라스를 낀 사람이 당신의 문을 두드린다. 문을 여니 그는 FBI 요원이라며 잠시 들어오겠다고 한다. 이때 당신은 어떻게 할까? 신분증을 요구할까, 아니면 그냥 들여보낼까? 왜 신분증을 원할까? 상대의 주장을 확인할 증거가 필요해서다. 감정이 당신의 사고의 문을 두드릴 때도 똑같이 반응해야 한다. 감정을 이성과 양심의 검색대 위에 올려놓으라. 증거를 요구해 감정의 정당성을 확증하거나 논박하라.

자신이 쓸모없다는 감정으로 다시 돌아간다. 무슨 근거로 그런 결론을 내리는가? 가장 기본적인 차원에서 인체를 구성하는 화학물질은 약 25달러의 가치가 있다. 웬만한 사람은 자신의 혈장을 팔면 매주 30달러를 받을 수 있다. 직장에서 당신이 일의 대가로 받는 돈은 얼마인가? 자비(自費)를 포함해 여태까지 당신의 교육에 투자된 돈은 얼마인가? 이런 작고 간단한 증거만 보더라도 자신이 쓸모없다는 감정은 틀렸다. 그러나 우리의 가치를 입증해 주는 가장 강력한 증거는 따로 있다. 예수 그리스도는 누구인가? 하나님의 아들이다. 그분의 가치는 얼마인가? 값을 따질 수 없을 만큼 전부다. 그분이 당신을 위해 목숨을 버리셨는가, 그렇지 않은가? 물론 그러셨다!

이것은 단지 주장이 아니라 증거다! 예수는 말로만 우리를 가치 있다고 하신 게 아니라 증거를 주셨다. 자신의 목숨을 희생하셨다. 이제 당신의 이성과 양심은 자신의 큰 가치를 입증해 주는 이 증거를 인정한다. 하지만 당신의 감정은 여전히 자신이 쓸모없는 존재라고 말한다. 이 둘의 한가운데에 의지가 있다. 당신은 결정해야 한다. 둘 중 어느 쪽을 택하여 믿을 것인가? 증거인가 감정인가?

의지의 올바른 행동에 모든 게 달려 있다

의지의 중요성을 필히 인식해야 한다. 의지의 올바른 행동에 모든 게 달려 있다. 의지는 사고 중에서 선택을 내리는 부위이기 때문이다. 사탄이 그리스도를 성전 꼭대기로 데려갔던 때를 생각해 보라. 마귀는 그분께 거기서 뛰어내리라고 유혹했지 자기가 그분을 밀칠 수는 없었다. 그건 그분이 직접 결정하실 일이었다. 우리가 사탄과 싸울 때도 똑같은 원리가 적용된다. 그는 결코 남의 의지를 억지로 강요할 수 없다. 우리 쪽에서 선택해야만 그의 제안에 굴할 수 있다. 이는 유혹이 속에서 찾아올 때도 마찬가지다. 야고보서에 보면 시험을 받을 때 아무도 "'내가 하나님께 시험을 받는다' 하지 말지니 하나님은 악에게 시험을 받지도 아니하시고 친히 아무도 시험하지 아니하시느니라. 오직 각 사람이 시험을 받는 것은 자기 욕심에 끌려 미혹됨이니 욕심이 잉태한즉 죄를 낳고 죄가 장성한즉 사망을 낳느니라"(약 1:13~15)라고 했다.

야고보의 말에서 의지의 위력을 볼 수 있다. 내면의 욕심이 죄를 낳아 해를 끼치려면 잉태가 선행되어야 하는데, 욕심의 잉태는 의지가 욕심을 선택해 수락할 때 이루어진다. 실제로 행동에 옮기는지 여부는 중요하지 않다. 행동까지 가지 않아도 일단 의지가 수락했으면 사고가 손상되고 양심이 멍들고 이성이 흐려진다.

당신이 마트에서 계산하려고 서 있는데 계산원이 잠시 저쪽으로 돌아서 있다고 하자. 열려 있는 금전등록기를 내려다보며 머릿속에 퍼뜩 이런 생각이 스친다. '저 돈이면 아주 유용하겠는걸.' 한순간 당신은 손을 뻗어 한 줌만 집자고 작정한다. 그런데 팔이 뇌의 지시에 따르려는 찰나에 계산원이 다시 이쪽으로 돌아선다. 그래서 당신은 얼른 계획을 취소한다.

이때 당신의 사고에 어떤 일이 벌어질까? 돈을 훔치기로 선택했기 때문에 당신의 성품은 도둑의 심보 쪽으로 한 단계 떠밀렸다. 사고가 행동으로 완결되지 않았더라도 다를 바 없다. 다음번에는 그런 유혹을 물리치기가 더 힘들어진다. 이런 과정이 충분히 오랫동안 되풀이되면 결국 옳고 그름, 건강한 것과 해로운 것을 가려내는 분별력을 잃는다. 이성과 양심이 서서히 파괴된다.

감정은 그냥 증발하지 않는다

쓸모없다는 느낌에 대한 논의로 다시 돌아가자. 증거를 믿기로 선택해도 자신이 쓸모없다는 감정이 즉시 증발하지는 않는다. 그래도 이제 제인은 당당하고 씩씩하게 이 문제를 다룰 수 있다. 비록 당장 쓸모없게 느껴질지라도 자신이 가치 있는 존재임을 확신하며 낙담과 절망에서 벗어날 수 있다. 이렇게 자신의 가치를 인식하고 나면 다음 단계로 넘어가, 자신이 쓸모없다는 틀린 느낌이 어디서 기원했는지 추적할수 있다.

내 사무실 창밖의 먼 산을 가리키며 내가 그녀에게 물었다. "만일 저산 위로 불꽃이 번쩍해 내가 무슨 일이냐고 묻는다면 뭐라고 답하겠습니까?"

"모른다고 해야죠. 가서 봐야 알 테니까요." 그녀의 대답이었다. 바로 그거다! 감정은 심리적 불꽃과 같다. 번쩍하는 불꽃은 무언가 일이 벌어지고 있음을 우리에게 알려 준다. 하지만 조사하기 전에는 방향만 알 뿐 무슨 일인지는 모른다. 불꽃이 내 사무실을 기준으로 동쪽 산 위에 번쩍한다면, 원인은 몰라도 그게 서쪽이나 남쪽이나 북쪽이 아님은 알 수 있다. 무슨 문제인지는 몰라도 동쪽에서 벌어지고 있다.

자신이 쓸모없다는 느낌이 사고 속에 들어올 때 증거를 검토해 보면, 진짜 쓸모없어서 그런 결론이 나온 게 아님을 알 수 있다. 오히려 자신의 참된 가치를 보여 주는 증거가 명명백백하게 깨달아진다. 또 알고 보면 자신이 쓸모없다는 그 위장된 느낌의 출처는 (행복이나 기쁨이나 희열이나 연애 같은) 긍정적 감정이 아니라 부정적이고 불쾌한 무엇이다. 여기서부터 개인에 따라 드러나는 원인이 달라진다. 자신이 쓸모없다는 감정을 불러일으키는 원인은 남자친구나 여자친구에게 차여 거부당한 일일 수도 있고, 이혼에 수반되는 패배감일 수도 있다.

감정을 이성과 양심의 검색대 위에 올려놓고 사실과 증거와 진실에 비추어 조사한 뒤 의지적으로 그 진실을 따라야 한다. 그러면 늘 사고에 질서가 회복되고 평안함이 찾아온다. 진실로 느껴져서가 아니라 진실이라는 이유 자체로 진실을 중시해야 한다. 이걸 배우는 게 가장 큰 싸움이다.

무가치한 다이아몬드

제인의 경우 자신이 쓸모없게 느껴진 이유는 부모에게 생전 존중받지 못했기 때문으로 드러났다. 그녀는 부모가 자기에게 실망했다고 믿었다. 그녀가 도출한 결론의 근거는 부모의 견해에 대한 주관적 평가였지 실재 자체가 아니었다.

상황 인식을 돕고자 그녀에게 이런 상상을 주문했다. 내가 제인의 부모에게 1백만 달러도 더 호가하는 다이아몬드를 한 줌 건넨다고 하자. 그들은 깜짝 놀라 흘끗 보다가 이렇게 외친다. "말도 안 돼. 다이아몬드를 거저 줄 사람이 누가 있다고. 고작 유리 조각이겠지." 그러고는 보석을 쓰레기통에 버린다. 그 장면을 떠올리게 한 뒤 제인에게 물었다. "당신의 부모가 무가치하게 여겼다는 이유만으로 다이아몬드가 무가치해집니까?" 아니라는 그녀를 보며 다시 말했다. "당신이 그 다이아몬드입니다! 당신의 가치는 부모의 견해에 따라 달라지지 않습니다!"

아울러 이런 비유도 생각해 보게 했다. 나한테서 1백 달러짜리 지폐를 받는다면 그 돈에 가치가 있겠느냐고 물었더니 그렇다는 답이 돌아왔다. 지폐를 뭉쳐서 꾸기면 값어치가 떨어질까? 제인이 고개를 저었다. 바닥에 던져 밟고 흙을 묻히면 가치가 덜해질까? 역시 아니라는 답을 들은 뒤에 내가 말했다. "그게 당신입니다. 당신이 이생에서 꾸겨지고 밟히고 더럽혀졌어도 당신의 가치는 변하지 않습니다."

도무지 믿을 수 없는 게 감정이다. 감정을 일단 이성과 증거로 따져서 확증하거나 거부하지 않으면 파멸의 길을 면할 수 없다.

이번에는 다른 감정인 죄책감을 살펴보자. 죄책감은 해로운데 종종 잘못 다루어진다. 두 종류가 있기 때문이다. 바로 정당한 죄책감과 부당한 죄책감이다.

정당한 죄책감

정당한 죄책감은 잘못된 일—사랑과 자유의 법에 어긋나는 일—을 저지를 때 발생한다. 남의 물건을 훔치는 게 한 예다. 이는 성령께서 직접 우리 양심에 주시는 감화에서, 그리고 자신의 행동에 대한 평가에서 비롯되는 가책 또는 자성이다. 정당한 죄책감을 해결하는 방법은 회개(자백만이 아니라 마음을 고쳐먹음)와 배상이다. 이웃의 돈 50달러를 훔쳐 죄책감이 든다면 해결 방도는 회개하고 이웃에게 돈을 갚는 것밖에 없다.

부당한 죄책감—유형1

부당한 죄책감의 문제점은 회개와 배상으로 해결되지 않는다는 데 있다. 회개하고 배상할 게 없기 때문이다. 그런데 부당한 죄책감도 정당한 죄책감처럼 느껴지기 때문에 흔히들 똑같은 방식으로 해결하려 한다. 하지만 통하지도 않을뿐더러 오히려 문제를 악화시킨다.

일례로 부당한 죄책감은 아내가 퇴근하니 남편이 저기압일 때 발생한다. 남편이 툴툴거리며 불평하자 아내는 죄책감이 들어 회개와 배상으로 수습하려 한다. 남편의 행동을 자기가 유발한 게 아닌데도 말이다. "미안해요. 내가 어떻게 할까요?" 하지만 아내의 반응은 통하지 않는다. 회개할 일을 한 적도 없고, 가져가지도 않은 걸 배상할 수는 없기 때문이다.

부당한 죄책감을 이런 식으로 처리하려 하면 언제나 문제의 해결이 지연된다. 부당한 죄책감을 받아들여 회개하고 배상하려는 사람은 거짓을 수용하고 지지하는 셈이다. 위의 경우 그 거짓 때문에 남편은 자신의 부적절한 행동을 아내 탓으로 돌릴 수 있다. 사실은 아내를 무례하게 대한 남편이 자기 책임을 인정하고 사과해야 하는데, 반대로 아내가 남편의 뒤틀린 심기에 대한 책임을 떠안는다. 이런 반응으로는 결코 상황이 해결되지 않는다. 아내가 남편의 기분에 속박되기 때문에 오히려 자유의 법칙에 어긋난다.

부당한 죄책감을 해결하려면 진실을 대면해야 한다. 한걸음 물러나 자문해 보라. "내가 잘못된 일이나 부적절한 일을 했는가?" 그다음에 진실을 인정하고 자유의 법칙을 적용하라. "나는 잘못한 게 없다. 남편이 저기압인 건 안됐다. 생각할 시간이 필요하다면 얼마든지 좋다. 공감해 주고 사랑을 표현하자. 하지만 내가 해결할 책임은 없다. 남편의 기분은 남편 책임이다."

상대가 뿌루퉁하거나 울거나 속상했거나 화났거나 심란해도 내 쪽에서 사과하거나 수습에 나서지 않기로 늘 마음의 준비가 되어 있어야 한다. 정말 내가 잘못한 게 없다면 말이다. 부당한 죄책감을 전가하는 행위는 자유의 법칙에 어긋나게 상대를 조종하고 통제하려는 흔해 빠진 방법이다. 이성과 양심으로 증거를 따져서 진실을 적용해야만 이런 감정의 덫을 피할 수 있다.

부당한 죄책감—유형2

이번에는 부당한 죄책감의 다른 출처를 생각해 보자. 아주 교묘하고 몹시 해로우며 너무도 흔한 경우다.

내가 제프(Jeff)를 처음 만난 곳은 조지아주 어거스타의 재향군인 병원이었다. 만성 체중 감소와 헛구역질과 복통을 검사하고자 주치의가 그를 수술병동에 입원시킨 후였다. 이런 신체 증상은 오랜 폭음의 결과였다. 제프는 과거를 잊고 만성 죄책감에서 벗어나려고 30년 가까이 술을 마셨다. 하지만 아무리 술을 마셔도 죄책감은 사라지지 않았다.

베트남 전쟁 중에 조종사였던 제프는 많은 작전에 가담해 틀림없이 많은 적군을 죽였다. 아군의 목숨을 구하는 일이었기에 적의 죽음에 대해 죄책감이 든 적은 없었다. 그런데 끊임없이 그를 괴롭히는 사건이 하나 있었다. 아무리 머릿속에서 떨치려 해도 소용없었다.

그날 제프는 어느 보육원에 다량으로 비축된 베트콩의 군수품을 폭파하는 작전에 투입되었다고 한다. 그의 공격이 개시되기 전에 지상군이 보육원의 아이들을 대피시킬 계획이었다. 과녁에 접근하던 제프는 아이들이 대피했다는 확답을 받고 나서 군수품이 비축된 건물을 폭격했다.

그런데 기지로 돌아와 보니 그 확답이 허위 정보였다. 보육원이 소개되지 않아 많은 아이가 죽었다. 제프는 망연자실해 자신을 탓했다. 자신이 유아와 아동을 살상한 악한으로 여겨졌다. '폭격하지 말았어야지. 미리 알았어야지'라는 생각이 떠나지 않았다. 그래서 죄책감에 사로잡혀 자신을 증오했다.

이 죄책감은 타당한가? 제프가 자신을 대하는 방식은 바르거나 정직하지 못했다. 아이들이 건물에서 대피하지 않았음을 마치 알고 있던 사람처럼 자신을 대했다. 동기와 선택과 의도를 보지 않고 행동의 결과로 자신을 판단했다. 다시 말해서 그는 마치 고의로 아이들을 죽인 사람처럼 반응했다. 허위 보고를 받았을 때 알아차렸어야 한다는 식이었다. 결과가 비참하긴 했지만, 당시 그 상황에서의 그의 결정과 행동은 적절했다. 그래서 이 죄책감은 부당하다.

당신이 화재 진압용 폭발물을 맡은 소방관이라 하자(폭탄을 터뜨려 가용 산소를 모두 연소시켜 대형 화재를 진압하는 때도 있다). 어느 건물에 불이 나서 소방관들이 진압하다 보니 폭파 방식으로만 꺼질 수 있는 화염으로 판단되었다.

나머지 소방관이 건물을 소개하는 동안 당신이 폭발물 설치를 맡았다. 다 설치한 뒤 대피가 완료되었다는 보고를 받고 당신이 발파했다. 그런데 나중에 보니 아이들 몇이 대피하지 못했다가 폭발로 인해 사망했다. 당신이 죄책감에 시달려야 할까? 당신 잘못일까? 이생에서는 아무리 최선을 다해도 원치 않는 결과가 발생할 때가 있다. 불행히도 우리는 의도를 보지 않고 결과로 자신을 판단할 때가 너무 많다.

죄책감과 비애는 다르다

43세의 존(John)은 갈색 머리에 중키의 체격이었다. 눈 밑의 다크 서클과 주름진 이마는 세 살배기 아들이 죽은 뒤로 20년간 우울증을 앓은 결과였다. 대화해 보니 당시 아들이 아파서 고열이 나고 보챘다고 한다. 소아청소년과 주치의에게 데려갔더니 아이의 귀에 염증이 있다며 항생제만 먹이고 부자를 돌려보냈다.

집에 와서 아들의 상태는 악화되어 열이 오르고 토하기까지 했다.

존은 인근 병원의 응급실로 아이를 데려갔다. 의사는 역시 귀의 염증 때문이라며 진정시킨 뒤 그들을 돌려보냈다.

아들의 상태는 저녁 늦게까지 줄곧 악화되었다. 살갗이 뜨거워지고 반응이 둔해졌다. 존은 급히 다시 응급실로 갔다. 이번에는 의료진이 아이에게 뇌막염이 있음을 알아냈으나 워낙 병세가 진행된 상태라서 아이는 그날 밤 죽었다.

존은 완전히 망연자실해 자신을 탓했고 집요한 만성 죄책감에 짓눌렸다. 자신을 비웃는 버릇까지 생겼다. "미리 알았어야지. 분명히 무언가 이상했거든. 의사들 말을 듣지 말았어야지. 나라도 어떻게 했어야지. 내 잘못이야. 내가 그렇게 미련하지만 않았어도 내 아들은 살아 있다고."

존은 자기가 아들을 살리지 못했다고 자책했지만, 아빠가 할 수 있는 일이 무엇이 더 있었겠는가? 그는 의학 지식이 없는데도 하루에 세 번이나 아이를 병원에 데려갔다. 그런데 의사들이 진단을 놓쳤다. 그들의 실패가 존 탓인가? 그는 행동과 의도를 보지 않고 결과로 자신을 판단하는 덫에 빠져 있었다.

존은 죄책감이 슬픔과 비애와 상심과는 다름을 깨우쳐야 했다. 슬픔과 비애와 상심은 다 그가 씨름해야 할 건강하고 적절한 감정이었지만 죄책감은 그렇지 않았다. 이 부당한 죄책감은 오히려 애도 과정에 방해가 되었다. 자기가 잘못한 일이 없음을—다시 똑같은 상황에 부닥쳐 똑같은 정보가 주어진다 해도 똑같은 결정을 내리리라는 것을—깨달은 후에야 비로소 그는 죄책감을 떨치고 슬픔을 풀어나갈 수 있었다.

달라의 부당한 죄책감

44세의 달라(Darla)는 우울과 불안의 이력이 오래되었다. 다년간 남편에게 심하게 구타당한 결과로 외상후 스트레스 장애까지 있었다. 그녀가 털어놓은 폭행 사례는 끔찍했다. 술 취한 남편이 그녀의 머리에 총구를 겨누며 죽이겠다고 위협한 적도 많았다. 그러니 불안하고 우울해질 만한 정당한 사유가 얼마든지 있었다. 그런데 달라는 부당한 만성 죄책감에도 시달리고 있었다.

그녀는 자신이 당했던 괴로운 경험을 말하기조차 힘들어했다. 참혹했던 구타를 입에 올리다가도 그 회상에서 벗어나고자 수시로 고개를 절레절레 흔들었다.

그보다 몇 년 전에 그녀는 남편이 자기 딸(그녀의 의붓딸)을 성폭행해 왔음을 알게 되었다. 그래서 딸의 친가에 알렸으나 그들은 돕기는커녕 오히려 달라에게 입 다물지 않으면 죽이겠다고 했다.

겁도 났지만 그래도 그녀는 의붓딸을 계속 폭행당하게 그냥 둘 수 없어 관할 관청에 남편을 신고했다. 혐의를 조사한 끝에 당국에서 남편을 체포해 피의자로 기소했다. 그런데도 달라는 자신을 탓했다. '의붓딸이 성폭행을 당하고 있음을 미리 알았어야지. 어찌 내가 모를 수 있단 말인가?' 그런 생각이 들었다.

오랜 세월 달라는 그 일을 막지 못했다는 만성 죄책감에 시달렸다. 사건이 벌어지고 있음을 알지도 못했는데 말이다. 그녀가 이성으로 사실을 평가해 진실을 적용한 후에야 비로소 치유가 시작되었다. 그녀는 남편의 행동이나 자신에게 없었던 정보가 자기 책임이 아님을 깨달았다.

드디어 달라는 행동과 결정을 기준으로 자신을 평가할 줄 알게 되었고, 그러자 부당한 죄책감을 해결하고 치유 과정에 진도를 나갈 수 있었다.

결과는 부모의 소관이 아니다

잘못된 결정으로 부모를 실망하게 하거나 심지어 욕되게 하는 자녀가 헤아릴 수 없이 많다. 내 환자들에게도 기어이 '살림을 차렸거나' 감옥에 가 있거나 마약에 빠졌거나 무책임한 행동을 일삼는 자녀가 있다. 사연은 다 다르지만, 대다수 부모의 공통된 문제가 하나 있다. 그들은 이런 생각으로 자신을 탓하고 벌한다. '내가 조금만 더 잘했어도 자식이 이렇게 되지는 않았을 텐데.'

이런 사람은 거짓을 받아들였기 때문에 부당한 죄책감을 경험한다. 그들은 자녀의 삶의 결과까지 부모 책임이라 믿는다. 그러다 보니 자녀를 기르는 행위만이 자기 책임임을 깨닫지 못한다. 인간은 누구나 자유 의지가 있으므로 부모가 어떻게 기르든 결국 자녀의 인생 노선은 본인의 선택에 달려 있다.

내가 진료하는 일부 환자가 망각한 사실이 있다. 부모의 양육이 영향을 미칠 수는 있어도 결과를 보장하지는 못한다. 설령 양육이 완전무결하다 해도—하나님이 루시퍼와 아담을 양육하신 경우처럼—자녀가 선택하면 비뚤로 나갈 수 있다.

부당한 죄책감—유형3

새라(Sarah)는 여러 해 동안 끈질긴 죄책감에 시달렸다. 불륜 관계의 기억이 7년 동안이나 그녀를 괴롭혔다. 외도가 잘못인 줄은 알았으나 딴 남자에게 끌리는 마음을 물리치지 못했었다. 하지만 혼인 서약을 어기자마자 걷잡을 수 없는 죄책감과 자기혐오가 밀려왔다. 그래서 하나님과 남편에게 죄를 고백했고 다시는 한눈팔지 않기로 했다. 회개하는 그녀를 남편도 용서했다. 그런데 외도 후로 7년 동안 죄책감이 계속되면서 자꾸만 그 사건이 기억 속에 되살아났다. 그때마다 몇 시간씩 무릎 꿇고 하나님께 자백하며 용서를 구해도 죄책감은 가시지 않았다. 이유를 알 수 없었다. 급기야 자신이 구제 불능이 아닌가 하는 의문마저 들었다.

정당한 죄책감은 회개와 배상으로 해결된다. 새라는 회개했고 남편과 화해했다. 그런데 왜 죄책감이 떠나지 않았을까? 외도를 슬퍼하긴 했지만, 그녀의 사고가 작동하는 방식이 달라지지 않았기 때문이다. 불륜을 초래했던 정신 작용이 여전히 그녀의 사고방식 속에 남아 있었다.

2~3장에서 사고의 조직 모델을 살펴보았다. 그때 보았듯이 판단력을 이루는 이성과 양심이 의지를 지휘해 건강한 결정을 내리게 해야 한다. 또 보았듯이 감정은 우리를 오도하거나 미혹할 수 있다. 그렇다면 불륜을 선택하는 사람의 정신 작용을 생각해 보라. 이성과 양심으로 증거를 저울질하고 기도로 지혜와 인도를 구한 뒤 떳떳한 양심으로 현명하게 불륜을 결정하는가? 아니면 감정이 격하게 흥분된 상태에서 이성과 양심을 무시하는가?

그 똑같은 작용이 다른 분야에서 일어나면 어떻게 될까? 하루는 직장에서 한 동료가 새라에게 자동차를 빌려 달라고 했다. 새라의 이성은 즉시 두 가지 사실을 근거로 안 된다는 판단을 내렸다! 보험 약관에 다른 운전자의 운전이 허용되지 않는 데다 그 동료는 근래에 몇 번 교통사고를 낸 적이 있었다. 그런데 두려운 감정과 불안한 정서가 그녀를 압도했다. '이 여자가 화내는 건 싫어. 나를 좋아해 주었으면 좋겠어. 나에 대한 소문도 퍼뜨리지 않았으면 좋겠고. 게다가 이런 일로 부딪치는 건 정말 싫어.' 그래서 새라는 이 모든 감정에 기초해 자신의 판단력을 무시하고 동료에게 차를 빌려주었다.

보다시피 그녀의 사고는 외도에 빠지던 때와 똑같이 작동한다. 이번에도 그녀는 자신이 판단한 최선의 길을 택하지 않아 죄책감이 든다. 그런데 죄책감의 원천을 파악하는 능력이 부족하다. 하나님이 설계하신 사고의 작동 원리를 모르기 때문이고, 자동차를 빌려주는 게 딱히 도덕적 문제가 아니기 때문이다. 그녀는 동료에게 차를 내주어 죄책감이 드는 게 아니라 혼외정사에 대한 죄책감을 또다시 경험한다. 판단력 대신 감정을 따랐던 가장 어처구니없는 그 사례가 사고 속에 역류해 올라오기 때문이다. 이렇게 지난 7년간 판단력 대신 감정을 따를 때마다 불륜에 대한 죄책감이 재현되었고, 그때마다 회개도 반복되었다. 새라는 자신의 사고가 작동하는 방식을 다룬 적이 없기에 평안함이나 진정한 용서를 결코 경험하지 못한다. 치유는 사고의 균형을 되찾아야만 가능하다.

진실을 적용하면 부당한 죄책감이 없어진다

부당한 죄책감이 사고에서 없어져 치유가 시작되려면 이성을 구사해 사실과 정황을 평가한 뒤 진실을 알고 적용해야 한다.

하나님이 설계하신 우주는 매우 질서정연하다. 그분의 원리와 방법에 조화되게 살아가면 건강한 사고와 평안한 마음을 누린다. 우리 사고가 하나님이 뜻하신 위계질서대로 기능하면 자존감과 자부심과 자신감이 저절로 높아진다. 반대로 사고의 작동에서 행동이 이성과 양심의 지휘를 받지 않으면 매번 자존감과 자부심과 자신감이 떨어진다.

하나님의 통치에 초석이 되는 원리는 사랑과 진리와 자유다. 사고에 진리를 적용해 하나님의 방법에 맞게 실천하는 과정은 영적 전투로 알려져 있다. 다음 장에서 그 내용을 살펴볼 것이다.

11
—
영적 전투

내 사무실에 처음 찾아왔을 때 메리(Mary)의 삶은 통제 불능이었다. 그녀는 어렸을 때 성폭행을 당한 데다 10대와 20대 때에 강간도 당했다. 35세인 당시에는 실패한 결혼에서 낳은 10대 아들과 현재의 결혼에서 낳은 5세 미만의 두 자녀가 있었다.

내게 오기 전 8년 동안 메리는 5명의 정신과 의사에게 치료를 받았고 12명의 치료사도 찾아갔다. 정신과에서 그녀의 문제에 내려진 진단은 조현병, 조울증, 다중 인격장애, 연기성 인격장애, 경계성 인격장애, 외상후 스트레스 장애, 벤조디아제핀 의존, 단극성 우울증 등 아주 다양했다.

그녀는 자살하라는 환청이 가끔 들린다고 호소했다. 게다가 만성 두통 등 신체 질환도 많아서 지난 8년 동안 수술을 스무 번도 더 받았다.

특히 5년 동안은 대부분의 삶이 완전히 정지했다. 요리나 청소나 가사도 불가능했고 아이들을 학교에 데려다줄 수도 없었다. 아내와 엄마로서 제구실을 못 해 오히려 남편이 그녀를 돌보아야 했다.

그뿐 아니라 메리는 좀처럼 사라지지 않는 두통 때문에 매주 한두 번씩 응급실에 가 데메롤 주사를 맞았다. 그동안 쓴 약물만도 할돌, 소라진, 발륨, 엘라빌, 시네쿠안, 프로잭, 레스토릴, 비스타릴, 자낙스, 기타 기억나지 않는 것까지 아주 많았지만 전혀 차도를 보지 못했다. 처음 내게 왔을 때도 그녀는 발륨과 소라진에다 두통을 가라앉힐 진통제까지 다량 복용하고 있었다.

메리는 만성적으로 자존감이 낮았고 자신이 쓸모없게 느껴졌다. 평생 당했던 폭행과 학대가 이 모두를 더 부추겼다. 이성과 양심으로 의지를 지휘해 진실을 검토하고 선택하는 능력이 길러져 있지 않았다. 그러니 갈팡질팡 널뛰는 정서와 기분과 생각에 맞서 싸울 수 없었다.

그녀는 또 집요한 죄책감에 시달리며 무턱대고 자학했다. 관계가 어려워질 때마다 늘 자신을 탓하며 죄책감을 느꼈다. 실제로 무슨 일이 있었든 관계없었다. 그리스도인인데도 아무도 그녀에게 영적 전투에 임하는 법을 가르쳐 준 적이 없었다.

"육신에 따라 싸우지 아니하노니"

해로운 감정과 거짓과 허위와 욕심과 정욕은 우리의 의지를 장악하고 이성을 몰아내려 한다. 영적 전투란 영적 속성(이성과 양심과 예배)이 그런 해로운 요소에 맞서서 벌이는 싸움이다. 하나님의 방법으로 유전적 결함의 영향을 극복하고, 정서적 상처를 치유하고, 손상된 사고의 균형을 회복하는 과정이다.

"우리가 육신으로 행하나 육신에 따라 싸우지 아니하노니 우리의 싸우는 무기는 육신에 속한 것이 아니요 오직 어떤 견고한 진도 무너뜨리는 하나님의 능력이라. 모든 이론을 무너뜨리며 하나님 아는 것을 대적하여 높아진 것을 다 무너뜨리고 모든 생각을 사로잡아 그리스도에게 복종하게 하니"(고후 10:3~5).

이론과 아는 것과 높아진 것과 생각을 두고 벌어지는 싸움이라면 그 격전의 장이 어디일까? 바로 사고 속이다! 영적 전투는 사고 속에서 벌어진다. 우리가 쓰는 무기는 '성령의 검' 곧 하나님의 말씀이다. 그분의 말씀은 진리다. 진리는 늘 하나님께로 귀결되므로 진리에는 하나님의 능력이 있다. 그 하나님의 능력으로 진리는 거짓과 허위와 왜곡을 무너뜨린다. 또 질서를 회복하여 치유를 낳는다. 그래서 그리스도는 "진리가 너희를 자유롭게 하리라"(요 8:32)고 말씀하셨다.

하나님은 모든 사람을 치유하고자 역사하신다

중요하게 알아야 할 게 있다. 하나님을 믿지 않는 사람에게도 진리는 치유를 낳는다. 성령은 아직 신을 믿지 않는 사람까지도 치유하고자 역사하신다. 그들에게도 하나님의 방법과 원리를 깨우치려 하신다. 하나님을 믿지 않는 사람도 자기가 이해한 만큼 진리대로 행하면 치유를 맛본다. 깨닫고 실천하는 만큼 점점 더 건강해진다. 결국, 진리는 그들을 하나님 자신께로 이끌어 온전한 치유와 회복을 누리게 한다.

바울은 로마서 2장 13~15절에 그것을 이렇게 기술했다. "하나님 앞에서는 율법을 듣는 자가 의인이 아니요 오직 율법을 행하는 자라야 의롭다 하심을 얻으리니(율법 없는 이방인이 본성으로 율법의 일을 행할 때에는 이 사람은 율법이 없어도 자기가 자기에게 율법이 되나니 이런 이들은 그 양심이 증거가 되어 그 생각들이 서로 혹은 고발하며 혹은 변명해 그 마음에 새긴 율법의 행위를 나타내느니라)."

바울의 말처럼 하나님은 모든 사람의 사고를 치유하고자 역사하신다. (성경에 계시된) 진리를 들어 보지 못한 사람도 (자연에 계시된) 사랑과 자유의 원리를 깨닫고 삶 속에 통합하면, 사고의 치유를 위해 하나님께 협력하는 것이다. 주님은 그들 안에도 자신의 형상을 회복하고 계시며 그들을 자녀로 여겨 주신다.

진리는 우리를 자유롭게 한다

1장에 소개했던 존스 하사는 하나님이 자신을 저버리셨다는 거짓말을 믿었다. 그 거짓 때문에 전쟁 경험에서 벗어날 수 없었다. 마침내 진실—하나님이 실제로 자신의 삶에 기적적으로 개입하셨다는—을 깨닫자 그동안 존스 안에 굳어졌던 오해와 두려움과 의심과 죄책감과 분노와 원망의 견고한 진이 그제야 무너졌다. 진리가 그를 자유롭게 했다.

형제의 물건을 훔친 사람을 예로 들어 보자. 그는 죄책감 때문에 불안하고 초조해 평안을 잃는다. 어떻게 하면 죄책감에서 해방되고 평안함이 회복될 수 있을까? 하나님을 믿는 사람이든 아니든 답은 회개와 배상이다. 그의 죄책감은 정당한 종류이므로 진실을 수용하고 적용해야만 죄책감을 떨치고 건강을 되찾을 수 있다.

형제에게 가서 잘못을 인정하고 물건을 배상하고 용서를 구하면 그의 사고가 평안해진다. 설령 상대 쪽에서 용서하지 않더라도 자기 자신과는 화목해진다. 마음이 변화되고 사고가 치유되었기 때문이다. 마음의 변화는 이성과 양심을 따라 최선의 길을 가기로 의지적으로 선택하던 순간에 이미 이루어졌다. 형제간의 연합은 상대가 용서할 때까지 회복되지 않겠지만 본인의 자학은 이로써 끝난다.

사고는 밭과 같다

당신에게 밭이 있다고 하자. 그동안 성실히 가꾼 결과로 풍성한 결실을 누리고 있다. 그런데 경작을 멈추면 밭이 어떻게 될까? 계속 좋은 열매를 맺을까, 아니면 결국 잡초로 쑥대밭이 될까?

이와 비슷하게 우리 사고에도 당연히 잡초가 자란다. 곧 이기적인 생각과 사상과 개념이다. 그런데 그리스도께서 성령의 역사를 통해 우리 사고 속에 진리의 씨를 뿌리신다. 거름도 주시고 보호하셔서 그 씨가 잘 자라 그리스도를 닮은 성품의 열매를 맺게 하신다. 우리 사고의 잡초를 뽑으려면 성령의 검(곧 진리인 하나님의 말씀)이 필요하다. 우리를 속박하는 거짓과 잘못된 이론을 진리로 뿌리 뽑으면, 사고의 밭을 건강하고 생산적인 상태로 유지할 수 있다.

보혜사의 다른 이름은 '진리의 영'이다. 진리를 규정하고 보존하는 게 그분의 일이다. 그분은 먼저 마음속에 진리의 영으로 거하시며 그리하여 보혜사(위로자)가 되신다. 진리 안에는 위로와 평안이 있으나 거짓에서는 진정한 평안이나 위로를 얻을 수 없다. 사탄은 거짓 이론과 거짓 전통을 통해 인간의 사고를 장악한다. 인간을 거짓 기준 쪽으로 이끌어 성품을 일그러뜨린다. 반대로 성령은 성경을 통해 생각 속에 말씀하시고 진리로 마음을 감화하여, 오류를 드러내 영혼 밖으로 몰아내신다. 그리스도께서 그 택하신 백성을 자신께 복종시키시는 방법은 바로 하나님의 말씀으로 역사하시는 진리의 영을 통해서다.

죄의 진짜 문제점

영적 결실을 더 풍성히 거두지 못하게 방해하는 오해(잡초) 중에 죄에 대한 오해가 있다. 많은 사람이 생각하는 죄란 하나님의 규정을 어기는 일이며, 그래서 하나님의 규정에 불순종하면 그분이 최소한 죽음의 벌을 가하실 수밖에 없다고 본다. 하지만 이는 죄에 대한 근본적 오해이며 하나님에 대한 심각한 오해를 낳는다. 이런 왜곡이 예배 속에 섞여들어 결국 사고의 치유를 방해한다.

죄의 진짜 문제점은 죄 자체가 손상과 파멸을 부른다는 데 있다. 죄는 죄짓는 본인을 망가뜨리고 남에게 해를 입힌다. 죄는 우리 안에 있는 하나님의 형상을 훼손하기 때문에 죄를 고집하면 죽음의 벌을 자초한다. 악한 삶을 고수하는 사람은 존엄하고 고결한 지성적 존재로 창조된 자신을 한낱 본능적이고 이성 없는 짐승으로 전락시킨다. 이성과 양심은 결국 사라지고 동물적 욕망에 완전히 지배당한다.

하나님이 죄를 미워하시는 이유

하나님이 죄를 미워하시는 이유를 이렇게 생각하는 사람이 많다. 죄가 그분의 규정을 어김으로써 그분을 무시하기 때문이라는 것이다. 당신이 고향의 시장(市長)으로서 동물 학대를 금하는 법을 제정했다고 하자. 하루는 당신이 집에서 나오는데 어떤 사람이 당신의 애완동물인 새끼 고양이를 집어서 꼬리를 잡고 빙빙 돌리다가 콘크리트 바닥에 머리를 패대기친다. 이때 당신은 무엇에 화가 날까? 무엇 때문에 격노할까? "지금 내 법을 어긴 거야! 감히 내 법을 어기다니!" 그렇게 외치겠는가? 당신이 노함은 법이 위반되었기 때문인가, 아니면 소중한 애완동물이 죽었기 때문인가? 하나님도 그래서 죄를 미워하신다. 죄가 그분의 규정에 어긋나서가 아니라 그분의 창조세계를 파괴하기 때문이다.

사실 규정이 제정된 목적은 우리의 행동이 유해함을 보여 주기 위해서다. 하나님이 십계명을 선포하시던 때를 기억하는가? 이스라엘 자손은 400년 동안 노예로 살다가 벗어난 직후였다. 그런 환경 속의 삶은 비루했다. 아주 사소한 위법 하나로도 죽어 나가던 게 노예였다. 그런 세상에 살다 보니 히브리인은 하나님이 인류를 창조해 이루게 하신 고결한 소명을 망각한 채 무지한 어둠 속에 빠져 있었다.

하나님이 그들에게 이웃을 사랑하는 사람은 이웃을 죽이거나 이웃의 것을 훔치거나 이웃을 모함해 평판을 해치거나 이웃의 배우자와 간음하지 않는다고 말씀하셔야만 했으니 그들의 상태가 얼마나 바닥이었겠는지 생각해 보라. 히브리 노예들의 삶에는 그런 기본 윤리조차 없었다.

아침에 자녀를 학교에 보내면서 이런 말로 배웅한다고 상상해 보라. "잘 갔다 와라. 쉬는 시간에 아무도 죽이지 말고." 얼마나 황당무계하기 짝이 없는가. 상상도 못할 일이다. 하지만 당신의 아이에게 정말 그렇게 말해야만 한다면 그 아이의 상태가 얼마나 저급해져 있다는 뜻인가?

영혼의 MRI

　기록된 법(십계명)은 영상 진단 검사인 MRI처럼 영혼의 결함을 밝혀 준다. MRI 검사로 폐종양이 밝혀진다면 당신은 어떻게 할까? 병원에 간다. 병원에 가서 치료된 뒤에는 MRI 검사를 받았다는 사실로 걱정할까? MRI를 없애 버리고 싶을까? 물론 아니다. 오히려 종양이 완치되었음을 확인하려고 나중에 검사를 또 받고 싶을 것이다.

　하나님의 기록된 법도 똑같이 작용한다. 우리 사고의 결함을 밝혀 준다. 결함이 진단되면 우리는 하늘의 의사께로 가서 치료받는다. 치료해 주신 후에도 기록된 법이 파기될 필요는 없다. 오히려 이제 그 법으로 검사해도 결함이 나오지 않는다. 우리가 법과 조화를 이루었기 때문이다. 사실 이미 치료된 사람에게는 기록된 법이 더는 필요 없다. 그게 바울이 디모데에게 한 말의 핵심이다. "그러나 율법은 사람이 그것을 적법하게만 쓰면 선한 것임을 우리는 아노라. 알 것은 이것이니 율법은 옳은 사람을 위해 세운 것이 아니요 오직 불법한 자와 복종하지 아니하는 자와 경건하지 아니한 자와 죄인과 거룩하지 아니한 자와 망령된 자와 아버지를 죽이는 자와 어머니를 죽이는 자와 살인하는 자며 음행하는 자와 남색하는 자와 인신매매를 하는 자와 거짓말하는 자와 거짓 맹세하는 자와 기타 바른 교훈을 거스르는 자를 위함이니 이 교훈은 내게 맡기신바 복되신 하나님의 영광의 복음을 따름이니라"(딤전 1:8~11).

　MRI의 은유를 빌려 위 본문을 이렇게 바꾸어 쓸 수 있다. "MRI는 사람이 그것을 적법하게만 쓰면 선한 것임을 우리는 아노라. 알 것은 이것이니 MRI는 건강한 사람을 위해 세운 것이 아니요 오직 아픈 자와 병든 자와 고통당하는 자와 환자와 모든 죽어 가는 자며 기타 건강한 생활 원리를 거스르는 모든 활동을 위함이니 이 원리는 내게 맡기신바 복되신 하나님의 건강 모델을 따름이니라."

사실 율법의 십계명 부분은 우주 전체에 미치는 사랑과 자유의 법을 지상에 사는 우리만을 위해 특별히 농축한 기록이다. 하늘의 천사에게 부모를 공경하라거나 간음하지 말라는 법이 필요한가? 아니다. 하지만 앞서 논했듯이 사랑과 자유의 법대로 살아가야 하기는 그들도 마찬가지다. 십계명은 사랑과 자유의 법에서 파생된 부칙이다. 그리스도께서 친히 이렇게 강조하셨다. "'네 마음을 다하고 목숨을 다하고 뜻을 다하여 주 너의 하나님을 사랑하라' 하셨으니 이것이 크고 첫째 되는 계명이요 둘째도 그와 같으니 '네 이웃을 네 자신 같이 사랑하라' 하셨으니 이 두 계명이 온 율법과 선지자의 강령이니라"(마 22:37~40).

파멸의 주체는 하나님이 아니라 죄다

내 환자 중에는 죄의 본질과 결과를 이해하지 못하는 사람이 많다. 하나님을 파멸의 주체로 여기다 보니 다수가 만성 불안과 두려움에 시달린다. 하지만 이런 경우를 생각해 보라.

당신이 생전 이를 닦지 않는다면 충치가 생긴다고 놀랄 일인가? 하나님이 하늘에서 천사를 보내 당신에게 충치를 주실까? 건강한 이를 달라고 매일 기도하면서 양치질을 하지 않으면 어떻게 될까? 당연한 결과는 무엇일까? 충치다!

당신이 고층 건물에서 뛰어내린다고 하자. 바닥에 닿는 순간 박살

나도 놀랄 일인가? 하나님이 천사를 보내 추락한 당신의 다리를 부러 뜨리실까? 건강하게 오래 살게 해 달라고 추락하는 동안 기도하면 어떨까? 당연한 결과는 무엇일까? 박살이다!

당신이 배우자 몰래 바람을 피운다고 상상해 보라. 낮은 자존감, 죄책감, 불안, 수치심이 당연한 결과가 아니겠는가? 하나님이 하늘에서 천사를 보내 당신의 자존감을 무너뜨리고 결혼생활을 파탄 내실까?

죄가 파멸을 부름은 죄가 우주의 원리를 벗어나 작동하기 때문이다. 하나님이 삶과 건강의 기초로 삼으신 제반 원리는 자연법이면서 도덕법이다. 나아가 죄는 하나님의 법인 사랑과 자유를 벗어나 존재한다. 그래서 죄는 불법이다.

하나님의 법인 사랑과 자유는 그저 강한 신이 지어낸 일련의 자의적 규정이 아니다. 정반대다. 사랑과 자유의 법은 그분의 성품에서 파생된다. 사실 우리의 실존과 우주의 운행을 지배하는 모든 원리는 바로 이 법의 외연이다.

앞서 자세히 살펴보았듯이 자유의 법칙을 어기면 항상 파멸이 뒤따른다. 마찬가지로 사랑의 법을 어겨도 결과는 늘 파멸이다. 이게 죄의 문제점이다. 죄는 파멸을 부른다. 파멸의 원인은 하나님이 아니다. 오히려 그분은 치유하신다!

중력의 법칙을 어기면 다친다는 사실은 내 환자들도 당연히 안다. 그런데 하나님의 도덕법을 어기면 인간이 망가진다는 사실은 잘 깨닫지 못하는 환자가 많다.

당신이 오늘 아무에게도 들키지 않고 한 아이를 성폭행했다고 하자. 완전 범죄였다. 오늘 밤 당신은 얼마나 잘 잘까? 그러고도 잘 수 있다면 당신이 이미 얼마나 망가진 사람이라는 뜻인가?

부도덕한 행동을 하면 우리 안에 있는 하나님의 형상이 파괴된다. 저급한 욕망은 강해지고 이성과 양심은 약해진다. 죄를 고집하면 시간이 가면서 결국 진리를 깨닫고 반응하는 능력이 소멸된다. 그렇게 되면 더는 대책이 없다. 집요한 반항적 삶에 일단 이성과 양심이 완전히 파괴되면, 인간—존엄하고 고결한 지성적 존재로 창조된—은 순전히 욕망과 육욕대로 움직이는 이성 없는 짐승의 수준으로 전락한다.

죄는 암과 같다

죄는 암과 같다. 암과 똑같은 이유로 죄도 죽음을 부른다. 암은 목숨을 지탱하는 조직과 기관을 실제로 파괴한다. 암으로 인한 사망은 외부에서 가한 형벌이 아니라 치료되지 못한 암 자체의 필연적 결과다. 누군가 개입하지 않는 한 암은 사람을 죽인다. 그게 바로 중보의 개념이다. 하나님이 우리 삶에 개입해 죄의 진행과 결과를 막으신다. 그분은 우리를 치유하고자 일하신다!

죄는 사람 속에 두루 퍼지므로 진리를 인식하고 반응하는 정신 기능을 손상해 결국 파괴한다. 죄를 고집하면 전 존재의 격이 떨어져 끝내 죽음에 이른다.

암 환자가 치료받아 나으면 암은 어떻게 될까? 비정상 세포가 소멸되거나 정상으로 회복된다. 몸이 살려면 암이 억제되어야 한다. 암이 억제되면 결함 있는 암세포가 사라지고 병들었던 조직이 원상태로 돌아간다.

죄는 사고가 이기심에 빠진 상태다. 이런 사고에 동원되는 방법들은 하나님이 삶과 건강의 기초로 삼으신 제반 원리에 역행한다. 이 이기적인 정신 상태가 어떻게든 달라지지 않으면 암처럼 죽음이란 결과를 피할 수 없다. 성경에 "피 흘림이 없은즉 사함이 없느니라"(히 9:22)라고 했다. 다시 말해서 피 흘림이 없으면 우리는 원상태로 회복될 수 없다. 그리스도께서 피를 흘리신 목적은 인간의 마음과 사고를 변화시키시는 데 있다. 우리를 치유해 사고에서 이기심을 완전히 없애시기 위해서다.

우리가 하나님과 그분의 방법에 대한 진리를 깨닫고 그분께 순복하면, 새로운 동기—일련의 방법과 원리—가 인간의 사고를 지배한다. 그리하여 '죄', 즉 반항하는 이기적 방법이 밀려난다.

이해력 있는 친구로서의 순종

건강해지려면 하나님의 법에 따라야 한다. 사랑과 자유라는 거시적 원리에 조화되게 살아야 한다. 일련의 규정에 맹목적으로 동조해서는 건강해질 수 없고, 권위자나 권력자가 시킨다고 해서 되는 것도 아니다. 건강은 순리의 결과일 뿐이다.

사실 언짢은 굴복에서만 비롯되는 순종은 진정한 순종이 아니다. 오히려 자유의 법칙에 어긋나기 때문에 늘 반항심을 낳는다. 참된 순종에는 이해와 동의가 수반된다. 최고 수준의 순종은 이해력 있는 우정에서 기원한다.

내 친구 하나는 어렸을 때 엄마가 금연을 규정하고 혹 담배를 피우면 벌하기로 했다고 한다. 과연 친구는 유년기에 담배를 피우지 않았다. 말 잘 듣는 아이가 되고 싶어 규정을 지켰다. 벌 받고 싶은 마음은 더더욱 없었다.

그런데 10대 때 주변에 담배를 나누어 피는 친구가 몇 있었다. 자꾸 부추기는 바람에 내 친구도 몇 모금 피웠다. 나중에 집에 가니 엄마가 담배 냄새를 맡고 그를 한쪽으로 불러 말했다. "아들아, 행여 네가 담배에 손대면 엄마는 마음이 아플 거다." 그 말이 사춘기 친구에게 다시는 담배를 피우지 않겠다는 동기로 작용했다. 엄마를 무척 사랑했기 때문이다.

성인이 된 지금도 그는 담배를 피우지 않는다. 왜 그럴까? 혹시 엄마에게 전화해 이렇게 말할까? "오늘 정말 담배를 피우고 싶었지만 참았습니다. 피우면 엄마가 와서 벌할 테니까요." 이런 말은 어떤가? "오늘 정말 담배를 피우고 싶었지만 참았습니다. 사랑하는 엄마를 속상하게 하고 싶지 않아서요." 그러면 엄마는 이렇게 답할까? "잘했다, 아들아. 대견하구나." 오히려 이렇게 말하지 않을까? "아들아, 언제나 철이 들래?"

현재 그가 담배를 피우지 않음은 엄마의 규정 때문도 아니고 그를 향한 엄마의 사랑이나 엄마를 향한 그의 사랑 때문도 아니다. 자신이 비흡연자이기 때문이다. 그는 엄마의 규정의 배후 논리를 이성과 양심으로 검토했고, 엄마가 속상할 법한 이유도 이해하게 되었다. 그래서 흡연 자체가 해로움을 알고 의지적으로 금연을 선택했다. 스스로 엄마에게 동의하기 때문이다.

이런 통찰과 이해 덕분에 그는 엄마를 사랑하는 마음과 엄마의 규정에 대한 감사가 더욱더 깊어졌다. 엄마를 더욱 사랑하게 된 이유는 철모르던 어린 나이에 일종의 자해 행위를 막아 준 엄마의 큰 사랑을 보았기 때문이다. 이제 그에게 유년기의 규정은 더는 필요 없다. 규정이 틀렸거나 무효해서가 아니라 그의 마음속에 새겨졌기 때문이다.

장성해야 한다

우리는 장성한 그리스도인이 되어 옳고 그름을 능히 분별하도록 부름을 받았다. 그런데 여전히 어린 아기로 남아, 규정을 어길까 봐 걱정하거나 하늘 아버지를 속상하게 할까 봐 염려할 때가 너무도 많다. 도대체 우리는 언제나 정말 철이 들어 아버지를 이해하게 될까? 언제나 그분과의 연합과 조화와 우정에 들어갈까? 언제나 그분과 협력해 우리 안에 있는 그분의 형상을 회복할 것인가? 그 형상이야말로 우리 마음과 사고 속에 새겨진 그분의 법이고 방법이다.

규정에서 해방된 결과

이번에는 엄마가 당신을 기를 때 반드시 이를 닦으라는 규정을 주었다고 하자. 이제 다 커서 독립한 당신은 이렇게 외친다. "드디어 엄마의 규정으로부터 해방이다. 다시는 이를 닦지 않으리라." 정말 이를 닦지 않으면 어떻게 될까? 이가 더러워지고 나쁜 냄새가 나다가 결국 충치가 생긴다.

그런다고 엄마가 당신을 그만 사랑할까? 오히려 당신에게 곧 닥칠 고통을 알기에 가슴이 아프지 않을까? 당신이 양치질에 대한 엄마의 가르침을 계속 무시하면 잠든 사이에 엄마가 와서 이에 구멍을 뚫을까? 아니다. 이가 저절로 썩는다.

치통은 외부에서 가하는 벌인가, 아니면 당연한 결과인가? 그 고통 때문에 당신은 어떻게 할까? 치과로 가기를 바란다.

치과의사는 양치질하지 않은 당신을 벌하려고 더 고통을 가할까, 아니면 최대한 덜 아프게 하면서 당신이 자초한 손상을 치료해 줄까? 그래도 당신이 치과에 가지 않고 혹 술로 치통을 무디게 하면서 참기로 한다면, 결국 치아가 완전히 상해 치과의사가 고칠 게 하나도 남지 않는다.

사하심을 얻지 못할 죄

우리가 하나님의 법을 어겨도 그분은 한결같이 우리를 사랑하신다. 오히려 해를 자초하는 우리를 보시며 가슴 아파하신다. 우리에게 곧 닥칠 고통을 아시기 때문이다. 그러면서도 그분은 우리가 고통을 통해 정신 차리고 그분께 치유를 구하기를 바라시며 고통을 잠자코 그냥 두신다. 마침내 우리가 그분께 가면 그분은 결코 우리를 해치지 않으시고 최대한 덜 아프게 하시면서 우리 사고를 치유해 주신다.

그런데 손상이 너무 광범위해 치유 자체에도 고통이 따를 때가 많다. 그렇다고 일부러 하나님께 가지 않고 술이나 마약이나 섹스나 일이나 텔레비전 따위로 고통을 무디게 한다면, 결국 망가질 대로 다 망가져 치유할 게 하나도 남지 않는다. 이성과 양심이 완전히 파괴되어 반응할 능력을 잃고 만다.

그렇게 되면 하나님이 무엇을 더 하실 수 있겠는가? 바로 이 상태가 성경이 말하는 '사하심을 얻지 못할 죄'에 해당한다. 사하심을 얻지 못한다고 함은 하나님 쪽에서 용서하실 뜻이 없어서가 아니라 죄인이 워낙 큰 해를 자초한 나머지 값없이 거저 주시는 그분의 용서를 인식하고 반응하는 데 꼭 필요한 기능을 상실했기 때문이다.

하나님의 방법을 오랫동안 거스른 사람은 너무 망가져 자신에게 더 다가오시려는 그분의 시도마저 거부한다. 우리 스스로 개성을 말살하면 하나님도 이를 회복하실 수 없다. 그러려면 자유의 법칙을 어기셔야만 하기 때문이다.

어떤 사람이 하나님의 당부를 모두 물리치고 자비와 은혜의 손길을 일체 무시해서 내면에 있던 하나님의 형상이 다 없어졌다고 하자. 그러면 설령 하나님이 그를 자멸 이전의 상태로 되돌려 놓으신다고 해도 그는 자멸을 되풀이할 수밖에 없다. 성품이 달라지지 않았기 때문이다.

반면에 그의 자멸을 막고자 하나님 쪽에서 억지로 성품을 변화시키신다면, 이는 그분이 다른 존재를 새로 창조하신 것이며 기존의 자아는 소멸된다. 앞서 보았듯이 본인의 동의 없이 사람의 성품을 뜯어고치면 사랑이 파괴된다. 하나님이 그런 일을 하실 리가 없다.

규정과 법은 다르다

하나님의 규정과 하나님의 법은 다름을 알아야 한다. 그분의 법은 삶을 지배하는 보편 원리다. 중력의 법칙, 사랑의 법, 자유의 법칙 등이 그 예다. 반면에 그분의 규정은 법을 어겨 손상을 입지 않도록 아직 어린 우리를 보호하시려는 장치다. 장성해 그분의 법을 마음과 생각 속에 통합하기 전까지는 우리에게 규정이 필요하다. 그러나 장성한 후에는 규정이 더는 필요 없다.

당신이 다섯 살배기 딸에게 매일 밤 잠자기 전에 이를 닦으라는 규정을 주었는데 내가 당신의 딸에게 다가가 이렇게 말한다고 하자.

"엄마가 하랬다고 해서 이를 닦아야 하는 건 아니야. 양치질은 열역학 제2법칙 때문에 하는 거란다. 무엇이든 가만히 두면 점점 무질서해지거든. 그래서 이를 닦지 않으면 이가 썩는 거야."

아이는 어리둥절한 표정으로 나를 보며 말할 것이다. "아저씨는 우리 엄마 편이 아니에요. 엄마의 규정을 어기는 거라고요. 나를 엄마한테 혼나게 하려는 거죠."

정말 불순종해 일부러 이를 닦지 않을 경우, 이 아이의 주요 관심사는 무엇일까? 이가 썩을까 봐 걱정일까, 아니면 엄마가 화내며 벌할까 봐 더 걱정일까? 불순종한 후에는 어떻게 반응할까? 그냥 이를 닦을까, 아니면 꽃을 꺾어 오거나 그림을 그려 엄마의 비위를 맞추려 할까?

불행히도 교회에 그리스도 안의 젖먹이가 가득하다. 그들은 결코 장성해 규정 배후의 법을 이해하지 못한다. 규정의 취지에 눈뜨게 해주면 이렇게 답하기 일쑤다. "당신은 하나님 편이 아니다. 그분의 법을 어기는 거다. 기준을 아예 없애서 우리를 그분께 혼나게 하려는 거다."

그런 그리스도인이 하나님의 법을 어겨 죄를 범하면, 죄가 자신의 삶을 망가뜨리고 있다는 사실보다 하나님이 노하셨는지 아닌지에 더 관심을 쏟는다. 그 결과 하나님과 협력해 자기 속에 그분의 형상을 회복하기보다는 그분의 노기와 진노를 달래기 위한 신학 체계를 온통 만들어 낸다. 그들은 죄가 실제로 자신을 파괴하고 있음을 보지 못하며, 하나님을 분노와 복수의 존재로 오판한다. 그래서 그분의 비위를 맞출 요량으로 시간을 바쳐 각종 이론을 개발해 낸다. 그분께 값을 치르기도 하고 심지어 그분이 친히 값을 완불하셨다고 주장하기도 한다. 그들의 관건은 죄로 인한 손상을 치유하는 게 아니라 성난 피해자 하나님의 형벌을 면하는 데 있다.

이 상황은 당신의 딸이 장성해서까지도, 자기가 이를 닦지 않으면 당신이 화내며 불순종의 대가를 치르게 할 줄로 믿는 것과 비슷하다. 당신이 화난 게 아님을 마침내 딸이 깨닫는다면 당신은 얼마나 안도하겠는가? 당신은 딸이 건강하기를 바라서 아직 철없는 동안만 딸을 도와줄 장치로 그런 규정을 정했을 뿐이다. 딸이 그 사실을 깨닫는다면 당신은 얼마나 흐뭇할까? 그러나 딸이 끝내 깨닫지 못한 채 당신이 자기를 벌하려 한다며 계속 두려워한다면 당신은 얼마나 서글프겠는가?

메리의 변화

이번 장 서두에 소개한 젊은 여성 메리는 나와의 상담을 통해 자신에게 해결되지 않은 오랜 분노와 원한이 있음을 깨달았다. 평생 수많은 관계 속에서 학대당한 결과였는데, 이런 학대를 그녀는 자신에게 무언가 문제가 있다는 증거로 해석했다. 그 결과 자아상이 심각하게 왜곡되면서 만성 정서 불안과 자신이 못났다는 느낌이 뒤따랐다. 또 삶의 모든 관계마다 의존 증세가 수반되어 혼란을 가중하고 그녀의 복원력을 훼손했다.

우선 우리는 치료에 필요한 신뢰 관계부터 구축했다. 이어 그 관계에 기초해 많은 고통스러운 경험을 탐색하고 진리와 증거에 비추어 재검토하면서 인과관계를 따졌다. 메리는 불쾌한 감정을 견뎌내는 법을 배웠고, 스스로 도출한 건강한 결론을 감정과 무관하게 의지적으로 적용했다.

치료 기간이 대부분의 내 환자보다 오래 걸리긴 했으나 18개월쯤 지나자 메리도 새 사람이 되었다. 그녀는 이성과 양심을 구사해 사실과 정황을 탐색하고 합리적 결론을 도출하는 법을 배웠다. 불편한 감정에 맞서 그런 결론을 의지적으로 실행하는 법도 터득했다. 그 결과 자신감과 자존감이 계속 더 높아졌다.

내게 마지막 근황을 알려올 때 메리는 약을 모두 끊은 지 2년이 넘었고, 진통제를 맞으러 응급실에 다시 간 적도 없었다. 두통도 거의 사라져 어쩌다 한 번씩 발생할 정도였고, 그나마 타이레놀 정도로 가라앉았다. 2년 넘게 환청도 들리지 않았으며 매사에 적극적으로 살고 있었다.

그녀는 가사에 전면 복귀했을 뿐 아니라 주 3회씩 에어로빅 강습반에도 출석했다. 교회에서도 매주 여성 반을 맡아 가르치면서 한번은 설교까지 했다. 또 교회 건축기금 책임자로서 세차와 바자회 등 모금 행사도 여러 번 진행했다.

치료를 종료할 때 그녀의 남편이 말하기를 처음 만나 사랑에 빠졌던 그때의 아내를 되찾았노라고 했다. 무엇보다 중요하게, 영적 측면의 치료를 상담에 포함했던 게 변화에 주효했다고 부부가 이구동성으로 고백하며 하나님을 찬양했다.

내가 메리에게 내린 진단은 외상후 스트레스 장애였다. 그녀에게 들려온 환청은 외상이 재현되는 경험이었다. 치료를 마쳤을 때는 이 증상도 사라졌다.

이성을 구사하고 부정적 감정을 견뎌내기 시작한 뒤로, 메리의 외상을 치유하는 데 핵심으로 드러난 문제는 가해자를 용서하는 일이었다. 오랫동안 품어 온 적의와 원한이 속에서 독버섯처럼 솟아나 그녀의 삶을 망가뜨리고 있었다.

그녀는 용서에 대한 많은 신화를 고수하고 있어 용서하는 데 더욱 지장을 받았다. 그런 신화와 용서의 참 의미를 나와 함께 탐색하면서 메리는 마침내 마음의 치유와 평안을 얻을 수 있었다. 다음 장에서 용서에 대한 신화를 몇 가지 살펴보기로 하자.

12

용서

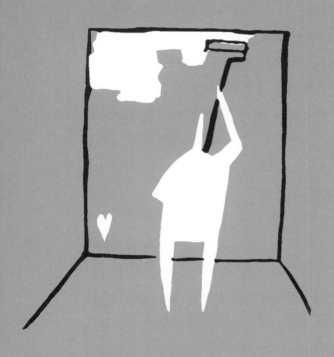

어리석은 사람은
용서하지도 잊지도 않는다.
순진한 사람은 용서하고
잊어버린다.
지혜로운 사람은 용서하되
잊지 않는다.
—토머스 사즈

"왜, 왜 나한테 이런 일이 자꾸 벌어지는 걸까요?" 케이트(Kate)는 울먹이며 중얼거렸다. 남편의 배신 중 가장 최근에 있었던 괴로운 사연을 내게 털어놓던 중이었다. 40대 초반의 그녀는 남부의 보수적인 가정에서 침례교 목사의 딸로 자랐다. 고등학교 졸업 직후 학창 시절의 애인과 결혼해 금세 예쁜 두 자녀를 낳았다.

둘째 아이가 태어나자마자 불행히도 남편이 바람을 피웠다. 케이트는 괴로워서 그에게 집을 나가라고 했다. 그는 얼른 목사를 찾아가 자신의 실수를 고백한 뒤, 자기가 예수께 용서를 구했는데도 아내가 자기를 쫓아냈다고 눈물로 하소연했다.

남편의 주장을 곧이곧대로 받아들인 목사는 케이트를 찾아와 그녀 역시 주 예수께 용서받았음을 환기시켰다. 그러면서 남편을 용서하고 다시 집에 들이도록 당부했다. 그녀는 그대로 했다.

그러나 세월이 가면서 남편은 계속 혼인 서약을 어겼고, 그래서 이제 케이트는 내 사무실에서 남편의 여섯 번째 외도 때문에 울고 있었다. 이전 다섯 번의 외도 때마다 똑같은 과정이 되풀이되었다고 했다. 일단 그녀가 남편을 내쫓으면 그는 울면서 목사를 찾아가 예수께 용서를 구했다고 말했고, 그러면 목사는 매번 그녀에게 남편을 용서하고 다시 받아들이도록 설득했다.

그러나 이번에는 그녀가 내 사무실로 왔다. 그녀는 용서의 중요성을 인정했다. 남편을 용서하면 그녀 자신이 원한과 적의와 고통에서 벗어나 치유될 수 있다. 그러나 더 중요하게 그녀가 배운 게 또 있다. 용서하는 행위 자체로 인해 상대가 달라지지는 않는다. 용서한다고 남편이 갑자기 믿을 만한 사람으로 변하는 게 아니다. 믿을 만한 사람이 되지 않는 한 남편을 도로 받아들임은 어리석은 일이다. 그래서 케이트는 남편을 용서하되 집으로 들이지는 않았다.

오랜 정서 장애를 안고 나를 찾아오는 환자가 많다. 배후 요인을 조사해 보면 해묵은 원한 때문에 용서하지 못하는 경우가 많다.

그들이 용서할 수 없음은 용서와 관계된 가지각색의 신화를 접했기 때문이다. 예배의 법칙은 용서에도 중대한 영향을 미친다. 앞서 보았듯이 누구나 자신이 예배하거나 추앙하는 대상처럼 된다는 게 예배의 법칙이다. 남을 용서하는 부분에서도 인간은 자기가 생각하기에 하나님이 용서하시는 방식대로 하는 경향이 있다. 그러니 용서에 대한 신화가 대부분 하나님의 용서 방식에 대한 오해와 맞물려 있음은 당연한 일이다.

신화 1: 용서는 가해자 쪽에서 미안하다고 해야만 가능하다

"그쪽에서 미안하다고 하면 나도 기꺼이 용서하겠다." 내가 사람들에게서 너무도 자주 듣는 말이다. 이 신화를 믿을 때의 문제점은 다음 사실을 놓친다는 데 있다. 즉 용서로 치유받는 쪽은 가해자가 아니라 피해자다. 가해자가 치유되려면 회개해야 한다. 용서와 회개가 만날 때 비로소 화해도 이루어진다.

기독교적으로 표현해서, 구원받는 데 필요한 것은 용서가 아니라 화해다. 많은 선의의 그리스도인이 이 점을 심히 오해해 용서만 있으면 된다고 믿는다.

오랜 친구 하나가 내 사무실에 와서 무슨 이유인지 갑자기 나를 때리고 욕한 뒤 달아난다고 하자. 물론 나는 그가 왜 그랬는지 전혀 모른다. 하지만 어떻게 반응할지를 결정해야 한다. 내 선택에 따라 홧김에 복수할 수도 있고, 경찰을 부를 수도 있고, 몽둥이를 들고 쫓아갈 수도 있다. 거기 내 사무실에서 대응 방법을 정해야 한다.

친구를 용서하기로 한다고 하자. 내가 용서한다고 둘의 관계가 회복될까? 아니다. 하지만 용서했기에 이제 나는 친구를 벌하려고 쫓아가는 게 아니라 나를 때린 이유를 알아내서 우정을 회복하려고 뒤쫓는다. 그런데 친구는 다가오는 나를 보고 내 의도를 오해해, 자기에게 화났다고 단정하고는 죽어라고 달아난다.

바로 그게 하나님을 대하는 우리의 상태다. 우리는 일부러 그분께 반항했으나 그분은 단 한 순간도 노하시기는커녕 즉각 용서하셨다. 하지만 그분이 용서하셨어도 우리와 그분의 관계는 회복되지 않았다. 우리가 그분을 오판해 그분을 피해 달아났기 때문이다. 그 뒤로 여태 우리는 달아나고 있다.

친구 쪽에서 회개하고 잘못을 배상하려 하는데 내가 용서하지 않는다면 어떻게 될까? 관계가 지속될까? 아니다. 화해가 이루어지려면 용서와 회개가 둘 다 필요하다.

하나님과의 관계에서도 마찬가지다. 불행히도 많은 사람이 알고 있는 하나님은 용서에 인색하신 분, 용서하려면 무슨 대가나 희생을 요구하시는 분이다. 하지만 이는 전혀 사실이 아니다. 오히려 우리의 회개가 가능함은 하나님 쪽에서 먼저 선뜻 용서하시기 때문이다. 사도 바울도 "하나님의 인자하심이 너를 인도하여 회개하게 하심"(롬 2:4)이라 선포했다.

주님은 우리와 다시 친해지시려고 주도적으로 우리를 뒤쫓으시건만 우리는 그분의 행동을 오해한 적이 너무 많다. 예방 접종을 맞히는 부모를 오해하는 아이와 아주 비슷하다. 그래서 하나님은 자기 아들을 우리와 같은 인간으로 보내 아버지가 어떤 분이신지를 보여 주게 하셨다. 자신의 성품을 알리심으로써 우리를 회개와 그에 따른 화해로 인도하시기 위함이다.

불행히도 많은 사람이 여기서 혼란에 빠져, 우리 쪽에서 애원하지 않는 한 하나님이 용서하지 않으신다고 믿는다. 그런 사람은 자기 친구를 대할 때도 똑같아서, 상대 쪽에서 청하지 않는 한 용서하지 않는다. 용서에 대한 둘째 신화도 하나님에 대한 이 흔한 오해에서 비롯된다.

신화 2 : 하나님의 용서가 곧 구원이다

이 또한 전혀 사실이 아니다. 구원받으려면 하나님의 용서만 아니라 죄인 쪽의 회개도 필요하다. 그리스도께서 십자가에 달리실 때 자신을 못 박는 이들에 대해 아버지께 뭐라고 말씀하셨던가? "아버지, 저들을 사하여 주옵소서. 자기들이 하는 것을 알지 못함이니이다"(눅

23:34). 가해자들이 용서를 구했던가? 아니다! 그럼에도 성자 하나님은 그들을 용서하셨다. 요청하지 않았어도 그들은 하늘과 땅의 권세로 용서하실 수 있는 그분께 용서받았다.

하지만 용서받았다 해서 구원도 받았는가? 그리스도께서 용서하신 행위로 인해 가해자들의 마음이 달라졌는가? 하나님의 친구가 되었는가? 아니면 여전히 그분을 대적하고 조롱하며 십자가에 못 박았는가? 그들이 그분의 적으로 남은 이유는 그분이 값없이 베푸시는 용서를 마음을 열어 받아들이지 않았기 때문이다. 하나님의 용서에 마음을 열었다면 거기서 회개(마음의 변화)가 뒤따라 화해가 이루어졌을 것이다. 불행히도 그들은 마음이 너무 완고해서 그렇게 반응하지 못했다.

보수 기독교 교단 소속의 존(John)은 구원받으려면 구체적인 죄의 행위마다 일일이 회개해야 한다고 믿었다. 신앙생활을 하면서도 이 신념 때문에 몹시 불안했다. 깜박 잊고 무언가를 자백하지 않았다가 구원을 잃을지도 모른다는 염려에 늘 시달렸다.

결국, 그는 신경성 심장발작을 일으켜 급히 응급실로 갔고 병원에서 심장이 네 번이나 정지했다. 그때마다 의사가 심장에 전기 충격을 가해 박동을 살려냈다. 나중에 그가 하는 말이 제세동기를 통해 의식이 돌아올 때마다 이런 생각을 했다고 한다. '자백하지 않고 잊어버린 죄가 없어야 천국에서 쫓겨나지 않을 텐데.' 존은 우리 쪽에서 구하지 않는 한 하나님이 용서하지 않으신다고 믿었다.

꾹 누르면 불이 들어오는 급우의 펜을 보고 초등학교 1학년 아이가 탐나서 훔쳤다고 하자. 아이는 자라는 동안에도 계속 이것저것 훔치다가 결국 성인이 되어 경찰에 붙잡혀 벌을 받았다.

체포된 뒤 그는 정말 개과천선해 그때부터 매사에 정직했다. 수상하다는 낌새조차 풍기지 않으려고 특별히 애썼다. 납세에서 애매한 부분이 나오면 탈세로 오해받을 짓을 하느니 차라리 매번 세금을 더 냈다. 그리스도를 구주로 영접한 그는 평생 하나님께 조화되게 살았다. 그런데 1학년 데 펜을 훔친 일만은 끝내 기억하지 못했다. 훗날 그가 심판대 앞에 서면 하나님이 이런 판결을 내리실까?

"너는 옛날의 다윗처럼 진실하고 신뢰받는 친구요 내 마음에 합한 사람이다. 속사람이 치유되어 정직하고 성실했다. 올바른 마음으로 내게 조화되는 방법을 좋아하고 실천했다. 그런데 1학년 때 펜을 훔친 일에 대해서는 용서를 구하지 않았구나. 미안하지만 너는 천국에 들어올 수 없다."

하나님이 그렇게 자의적인 분일 리가 없다. 관건은 평생의 잘못을 다 기억하는지가 아니다. 관건은 우리 마음과 사고의 상태다. 우리는 치유되었는가? 하나님이 우리 안에 그분의 형상을 회복해 주셨는가?

신화 3: 용서란 가해자가 저지른 일이 괜찮다는 뜻이다

용서란 상대의 잘못된 행동을 잘못이 아니라고 승인한다는 뜻인가? 천만의 말이다. 그런데 많은 사람이 그렇게 믿는다. 일단 용서받았으면 그 사람의 행위까지 상쇄되거나 말소되어 이제 괜찮다는 것이다.

이런 오해는 앞서 논했던 죄에 대한 근본적 오해에서 비롯된다. 죄가 일차적으로 법적인 문제라면 용서는 막강한 군주의 사법 행위이며, 따라서 용서를 통해 전과가 지워진다. 그러면 획 하고 형벌이 걷히면서 가해자는 곤경을 면한다.

하지만 이미 보았듯이 죄는 죄 짓는 본인을 해치며, 용서받는다고 해도 악영향은 이미 발생했다. 손상된 사고는 회개하고 진리를 적용해야만 성령의 역사를 통해 치유될 수 있다. 하나님이 용서하셨는데도 회개하지 않는 사람은 손상된 사고에 그분의 치유를 받아들이지 않아 결국 잃어진 상태로 남는다. 그리스도를 십자가에 못 박았던 다양한 부류가 이 범주에 속한다.

심지어 회개해 마음과 사고를 치유받은 사람도 죄의 결과까지 반드시 면하는 건 아니다. 예컨대 다윗 왕은 친구의 아내와 간음했다. 그 여자가 임신하자 다윗은 죄를 은폐하려고 그녀의 남편인 우리아를 죽였다. 그 후에 그는 회개하고 용서받았다. 마음이 정말 변화되어 하나님과 화목해졌다. 그러나 우리아는 죽었고 그에게 저지른 다윗의 범죄도 그대로 남았다. 그 죄 때문에 나라에 반역이 일어났고, 부왕을 퇴위시키려는 압살롬의 시도로 절정에 달했다.

물론 다윗은 용서받았다. 그러나 죄의 결과를 모면했던가? 천만의 말이다. 용서받았어도 해로운 선택의 상흔은 영원히 남았다. 용서란 해로운 행동을 지지하는 게 아니라 반대로 단 하나뿐인 건강한 반응을 실증해 보이는 일이다.

신화 4 : 용서하면 더 취약해진다

내 환자 중에는 심한 피해와 학대와 폭행을 당한 사람이 많다. 그만큼 쌓인 원한과 분노도 많다. 분노 덕분에 자신이 강하고 덜 취약하게 느껴진다. 그런 분노와 격분이 없다면 힘을 잃어 더 취약하게 느껴질 수 있다.

하지만 용서하면 정말 더 취약해질까? 가해자를 용서한다는 게 피해자가 문을 잠그거나 밤중에 낯선 곳을 삼가는 등의 주의를 기울이지 않는다는 뜻인가? 물론 아니다. 사실은 그런 사람일수록 대체로 덜 취약하다. 그 사이에 더 민감해져서 그만큼 더 신중하게 조심하기 때문이다.

게다가 원한에 얽매여 용서하지 않는 사람은 누가 조금만 건드려도 터지는 감정적 시한폭탄이다. 그들은 걸핏하면 분노로 반응하고, 악의 없는 사건도 불쾌하게 곡해하며, 모욕한 사람이 없는데도 모욕을 느낀다. 이렇게 과민해진 결과로 오히려 절제력이 떨어져 더 발끈하기 쉽다.

당신이 해변에 누워 있다가 이제 막 돌아왔다고 상상해 보라. 안타깝게도 살을 너무 태워 햇볕에 화상을 입었다. 이때 자녀가 당신의 등에 뛰어오르거나 배우자가 덥석 끌어안는다면 어떻게 될까? 본능적으로 상대를 밀어내지 않을까? 반사적으로 화나거나 짜증나지 않을까? 누가 일부러 어깨를 철썩 치기라도 한다면 얼마나 더 그럴까? 하지만 며칠 후 화상이 가라앉으면 등에 뛰어오르는 자녀나 포옹하는 배우자에게 어떻게 반응할까? 용서하면 우리 마음속의 정서적 화상이 치유된다. 그래서 고통이나 짜증 없이 훨씬 많은 경험에 부딪칠 수 있다.

신화 5 : 용서하면 신뢰가 회복된다

케이트의 사례에서 보았듯이 용서한다고 상대가 달라지는 건 아니다. 신뢰의 기초는 상대의 믿을 만한 모습이다. 용서란 가해자가 아닌 피해자가 마음을 바꾸어 복수심을 버리는 일이며, 그것만으로는 결코 신뢰가 회복되지 않는다. 가해자 쪽에서 믿을 만한 모습을 보여 주기 전에는 신뢰를 되살릴 수 없다.

신화 6 : 용서란 잊는다는 뜻이다

이 신화는 약간 애매한 데가 있다. 용서에 잊는다는 의미도 있기 때문이다. 하지만 이런 망각이 곧 기억의 소거는 아니다.

자녀가 거짓말해서 당신이 징계해야 했던 때가 기억나는가? 자녀는 회개하며 용서를 구했고 당신은 용서했다. 용서와 회개와 화해가 이루어진 뒤로, 자녀가 당신에게 달려오면 당신은 '저 거짓말쟁이가 또 오는군'이라고 생각하는가? 물론 아니다. 일단 화해하고 나면 관계에 관한 한 그 비행은 잊힌다. 더는 관계에 영향을 주지 않기 때문이다. 그러나 기억까지 지워졌는가? 그 일이 있었다는 사실까지 역사에서 사라졌는가? 아니다. 그나마 이런 망각도 화해 이후에 이루어져야만 안전하다. 가해자가 회개하기도 전에 피해자 쪽에서 망각하면 불필요한 위험을 자초할 수 있다.

이 신화는 상황을 다루시는 하나님의 방식에 대한 오해에서도 비롯된다. 성경에 보면 하나님은 우리가 회개하면 우리 죄를 더는 기억하지 않겠다고 말씀하신다(참조 렘 31:34, 히 8:12, 10:17). 많은 선의의 사람이 이런 본문을 천국에는 의인의 죄와 과오에 대한 기억이 없다는 뜻으로 해석한다. 의인의 죄가 기록에서 말소되어 기억 속에서도 사라진다는 것이다. 과연 그렇게 검증되는지 이성으로 그 가능성을 따져 보자.

앞서 다윗이 밧세바에게 지은 죄를 언급했다. 그는 회개하고 용서받았으나 그 죄는 여태 기록에 남아 우리에게 읽히고 있다. 그 일이 천국의 모든 기억에서 사라졌다면, 이 땅에서 우리가 성경의 그 대목을 읽을 때만은 하나님이 수호천사에게 우리를 지켜보지 못하게 하신다는 말인가?

다윗과 밧세바와 우리아가 천국에서 만나고 솔로몬도 함께할 그때를 생각해 보라. 다윗과 밧세바는 솔로몬이 자기네 아들임을 모를까? 우리아는 밧세바가 자기 아내였음을 기억하지 못할까? 그는 다윗과 밧세바에게 물어보고 싶은 게 없을까? 이 땅에서 살았던 각자의 삶을 정말 아무도 기억하지 못할까?

우리의 기억이 천국에서도 지속함을 많은 사람이 잘 이해하지 못함은 이 땅에서 자신이 했던 행동 때문에 남들이 자신을 어떻게 대할지 두려워서다. 그들은 자신의 죄 많은 과거를 남들이 알면 아무도 자신을 사랑하고 선대할 수 없다고 믿는다. 이 문제에 대한 성경의 증거를 몇 가지 살펴보자.

간음하다 잡혀 예수 앞에 끌려온 여자의 이야기를 떠올려 보라. 알다시피 예수는 그녀를 정죄하지 않으셨다. 여기서 우리는 그분이 나도 정죄하지 않으실 것을 알고 힘을 얻을 수 있다. 하지만 그녀를 예수께 데려온 이들을 생각해 보라. 그들은 그분을 대적해 죽이려고 모의했고 결국은 십자가에 못 박았다. 이 여자를 데려온 것도 그분께 올가미를 씌우기 위해서였다.

그리스도께서 모인 무리에게 이 음란한 여자를 돌로 치라고 부추기신다면, 그들은 로마의 권력을 찬탈하려 한다며 그분을 로마인 앞에 고소할 것이다. 로마 정부만 사형을 선고할 수 있었기 때문이다. 반대로 그분이 여자를 풀어 주라고 하신다면, 그들은 모세 율법을 어긴다며 그분을 백성 앞에 고발할 것이다.

예수는 이게 자신을 함정에 빠뜨리려고 그들이 꾸며낸 일임을 아셨다. 그들이 자신을 대적함도 아셨고 그들의 은밀한 죄도 다 아셨다. 따라서 그분은 그들의 죄를 폭로해 군중의 비난을 사게 만드실 수도 있었다. 그런데 그분이 택하신 길은 전혀 달랐다. 종교 지도자들이 예상하지 못한 방식이었다. 예수는 몸을 굽혀 성전 뜰의 포석 위에 그들의 온갖 죄를 쓰시되 인명은 밝히지 않으셨다. 사람마다 자신의 결함을 보고는 가책을 받아 돌이켜 떠났다.

자신을 대적하던 이들의 평판까지도 보호하신 예수가 놀랍지 않은가! 그들의 평판을 보호하신 하나님이라면 자기 친구들의 평판은 얼마나 더 보호하시겠는가?

이 명백한 증거에서 보듯이 하나님은 자신이 우주를 운행하시는 방식을 큰 희생을 감수하면서까지 예시하셨다. 천국에도 기억은 계속되지만 아무도 그 정보를 해롭게 이용하지 않는다. 비참한 사건에 대한 기억까지도 우리에게 하나님을 더 사랑하고 그분의 방법에 더 감사하게 해 주는 역할을 한다. 그런 기억이 우주를 보호해 다시는 반항이 일어나지 못하게 한다.

유다의 경우는 어떤가? 예수는 자신을 배반하려는 이 제자의 계획을 아시면서도 다른 제자들에게 그를 적발하지 않으셨다. 사실 유다가 다락방을 떠나 성전 관리들에게 갈 때 제자들은 그가 필요한 물건을 사거나 가난한 이들을 도우러 가는 줄로 알았다.

하나님이 우리 삶의 이력을 잊으실 일은 없다. 그러나 우리가 치유되어 마음으로 그분께 조화를 이루었으므로 관계에 관한 한 과거는 망각되었다. 하나님이 거론하지 않으신다. 더는 이슈가 못 된다.

당신의 자녀가 백혈병으로 몇 달째 괴롭고 비참한 치료를 거친다면 어떻게 될지 생각해 보라. 아이는 면역력이 떨어져 기운이 없고 자주 구역질이 나고 머리카락이 빠진다. 부모로서 당신은 이 아이를 다른 자녀와는 다르게 대하지 않을까? 더 신경 쓰고 더 조심하고 더 챙기지 않을까?

하지만 백혈병이 아주 완치되어 건강해졌다면 그래도 그 아이에게 온갖 제약을 가하며 특별히 조심할까? 물론 아이가 죽을 뻔했다는 이력은 영영 잊지 않을 것이다. 하지만 아이를 대하는 방식에 관한 한 이미 완치된 백혈병은 망각된다. 더는 중요하지 않고 더는 조심할 필요가 없다. 하나님과 우리도 마찬가지다. 이미 치유된 뒤에는 우리도 특별히 더 조심할 필요가 없지만, 자신의 병력만은 여전히 기억한다. 그 기억이 있기에 우리를 위한 하나님의 특별한 희생에 더욱 감사하게 된다.

하나님이 우리 죄를 잊으시는 방식은 부모가 자녀의 옛 백혈병을 잊는 것과 같다. 이제 죄는 우리 성품의 일부가 아니므로 그분과의 관계에 더는 영향을 미치지 못한다.

신화 7 : 용서란 가해자가 책임을 모면한다는 뜻이다

마지막으로 어쩌면 가장 인식하고 해결하기 힘든 신화가 있다. 용서하면 가해자가 자신의 행동에 대한 책임이나 결과를 모면한다는 것이다. 내 환자들도 이 신화를 가장 이해하기 힘들어한다. 여기에는 하나님, 죄의 문제점, 그분의 해결책 등에 대한 오해가 얽혀 있다.

사실 죄를 짓고도 무사한 사람은 없다. 누누이 보았듯이 죄는 파괴 행위이므로 죄짓는 본인이 실제로 해를 입는다. 해로운 행위를 할 때마다 우리는 점점 더 마음이 완고하고 이기적이고 악해진다. 해로운 생각을 품기만 해도 매번 그렇다.

죄의 문제점은 죄가 해를 자초한다는 데 있는데, 이 사실을 모르는 이들이 있다. 대신 그들은 가해자에게 외부에서 벌이 가해져야 한다고 믿으며, 벌이 시행되지 않으면 상대를 잘 용서하지 못한다. 가해자에게 책임을 묻는 사람이 없어 보이기 때문이다. 그러나 죄를 제대로 이해하면 아무도 죄짓고는 무사할 수 없다는 인식이 가능해진다. 죄를 지으면 오히려 서서히 자멸해 간다.

토니(Toni)는 직장 동료와의 갈등 때문에 부아와 짜증이 나서 고민이었다. 그 동료는 수시로 가족이나 친구와 몇 시간씩 전화 통화를 하면서 일을 거의 하지 않았다. 동료의 태만 때문에 토니의 업무가 가중된 것은 아니지만 그래도 그녀는 점점 더 억울하다는 느낌에 사로잡혔다. "불공평해요. 나는 온종일 열심히 일하느라 전화할 시간도 없거든요." 그녀는 그렇게 말을 맺었다. 토니의 어지러운 심기는 죄의 본질을 이해하지 못한 결과였다.

문제 해결을 돕고자 그녀에게 이런 상황을 가정해 보게 했다. 자신이 50달러에 남의 차를 씻어 주기로 했는데 돈만 받고 세차는 하지 않는다면 기분이 어떨까? "도둑이라도 된 것처럼 기분 나쁘겠지요." 토니가 즉각 대답했다. 자존감과 자부심이 떨어지고 수치심과 죄책감과 우울과 불안이 커질 것도 인정했다.

이번에는 자신이 일정한 직무를 수행하기로 했는데 규정된 임금만 받고 직무는 수행하지 않는다면 기분이 어떻겠냐고 물었다. 그녀가 두 질문의 연관성을 모르는 듯해 내가 질문을 바꾸었다. 남편이 이를 닦지 않는다면 아내보다 더 편하고 좋은 걸까? 그럴 리 없음을 토니도 알았다. 결국, 남편의 이가 썩을 테니 말이다. 바로 그거다. 회사를 속이던 그 동료는 치아보다 훨씬 값진 자신의 영혼을 망가뜨려 썩게 하고 있었다. 이제 토니도 요지를 분명히 깨달았다. 그 동료가 더 편하고 좋은 게 아니라 사실은 자신을 해치고 있음이 토니에게도 보였다.

하나님과 그분의 용서에 대한 오해는 예로부터 늘 퍼져 있었다. 19세기의 유명한 신학자 조지 맥도널드(George MacDonald)는 동일한 문제를 이렇게 지적했다.

"주님은 죄가 여전히 지속되는 상태에서 인간을 죄의 결과로부터 구하러 오신 게 아니다. … 그런데 인간은 죄를 사랑하는 데다 자신의 지독히 혐오스러운 모습에 무감각해진 나머지 … 항시 주님에 대한 이 말씀을 그분이 인간을 죄의 형벌로부터 구원하러 오셨다는 뜻으로 해석했다.

이런 개념은 … 복음 전파를 심각하게 변질시켰다. 기쁜 소식의 메시지가 제대로 전해지지 않고 있다. 수많은 설교자가 하늘 아버지의 용서를 믿지 못한다. 그들이 상상하는 그분은 용서하실 재량이 없거나 깨끗이 용서하실 능력이 없다. 그들이 정말 믿는 신은 우리 구주 하나님이 아니라 자체적 속성 때문에든 강제적 상위법 때문에든 죄의 대가나 보상을 요구해야만 하는 신이다. 그래서 그들은 동료 그리스도인들에게 예수가 우리의 형벌을 감당하시고 우리를 지옥에서 구하러 오셨다고 가르쳐 왔다. 결과를 그분의 사명의 목표로 둔갑시킨 것이다. 그런 결과는 그분의 목표가 이루어진 데 따르는 당연한 귀결일 뿐이지 참된 인간이 결코 바랄 바가 못 된다."*

하나님이 우리 삶 속에 이루시려는 일은 지금 여기서 우리 마음과 사고가 실제로 치유되고 변화되는 것이다. 여기에는 단지 용서만 아니라 그 훨씬 이상이 포괄된다. 남을 용서하는 법을 배울 때 우리는 사고의 치유를 위해 하나님과 협력하는 것이다.

아직도 약간 혼란스럽거든 연쇄 살인범 제프리 다머(Jeffrey Dahmer)의 사례를 생각해 보라. 수많은 사람을 살해해 시체를 절단해서 자기 냉장고에 넣었던 인물이다. 이미 세상을 떠났지만, 그가 아직 살아 있어 대통령이 그를 용서하고 사면해 석방했다고 하자. 제프리 다머가 당신의 바로 옆집에 살아도 괜찮을까? 왜 아닌가? 그는 분명히 용서받았다. 하지만 변화되었을까? 옆집에 살아도 안전할까? 아니면 마음이 너무 병들어 있어 이웃으로 받아들이기에 위험할까? 여기 죄의 문제점에 대한 궁극의 물음이 있다. 죄는 우리를 이미 훼손했다. 하나님과

---

* George MacDonald, "Salvation From Sin," *Hope of the Gospel* (London: Ward, Lock, Bowden and Co., 1892).

협력해 내면에 그분의 형상이 회복된 사람만이 구원받는다.

이 변화가 성경에 다양하게 표현되어 있다. 속사람이 재창조되고, 그리스도의 마음을 품고, 마음과 사고에 하나님의 법이 새겨지고, 육신으로가 아니라 성령으로 행하고, 성령으로 마음에 할례를 받고, 새로운 피조물이 되고, 거듭난다는 등의 말이 다 그에 해당한다. 이 모든 은유가 가리키는 바는 동일하다. 즉 변화와 치유와 회복이 이루어지고, 죄로 인한 손상이 치유되고, 이기심이 사랑과 자유의 법으로 대체되고, 고결해진 이성과 청결한 양심이 안정된 의지를 지휘해 절제를 기르고 유지하며, 방법과 원리와 동기에서 하나님과 연합하고, 사랑과 자유의 법대로 살아간다는 뜻이다.

2001년 9월 11일에 테러 공격이 있은 뒤로 많은 사람이 안전한 사회를 동경한다. 두려워하지 않아도 되는 곳, 무장 경비대가 순찰할 필요가 없는 곳, 만인을 신뢰할 수 있는 곳을 원한다. 하나님과 협력해 마음이 변화된 사람만이 천국에 들어가는 이유가 바로 거기에 있다. 천국에는 안심하고 믿을 수 있는 사람만 있다. 절제하며 스스로 결정하는 능력이 회복된 사람만이 하나님의 우주에서 절대적 자유를 감당할 수 있다. 남을 용서하는 일은 이런 치유와 변화를 위해 그분과 협력하는 많은 조치 중 하나일 뿐이다.

13
전쟁의 사상자

2001년 9월 11일에 세계무역센터와 국방부 건물이 테러 공격을 당한 뒤로 많은 환자가 내게 던진 질문이 있다.

"왜 하나님은 그런 일이 벌어지게 두십니까?"

"왜 착한 사람에게 나쁜 일이 벌어지나요?"

"왜 하나님은 무고한 사람을 보호하지 않으십니까?"

9.11 사태 피해자를 위한 국가기도회에서 빌리 그레이엄도 똑같은 질문을 제기한 뒤 아직 답을 찾는 중이라고 고백했다.

이 책의 서두에 〈그녀〉로 소개한 내 환자의 얼굴이 또 떠오른다. 절규도 들려온다. 이런 의문의 답을 찾으려던 그녀의 절박한 고통이 또 한 번 내게 엄습해 온다. 그때 의미 있는 답을 줄 수 없었던 내 한계도 생각난다. 이제라도 그녀를 만나 이런 진리를 말해 줄 수 있다면 얼마나 좋을까.

사랑의 하나님이 왜 그토록 심한 고통을 허락하시는가?

속에 부글거리는 프랭크(Frank)의 격노는 곁에서도 환히 보였다. 조금만 건드리면 화산처럼 분노가 폭발할 것만 같았다. 머리칼이 빨간 데다 얼굴까지 벌게져 있어 그런 환영이 어른거렸다. 화가 치밀어 안

면이 수은주처럼 붉어졌다.

키 188cm에 몸무게 158kg인 그는 주변 사람을 약간 주눅 들게 하는 경향이 있었다. 직장에서 분노 폭발로 여러 번 큰 문제를 일으킨 터라, 실직을 면하고자 사장의 권유로 분노 관리법을 배우러 왔다.

처음 나를 찾아왔을 때 프랭크는 경계하며 잘 마음을 열지 않았다. 그러나 횟수가 거듭되자 여섯 살 때 삼촌에게 성폭행 당했던 일을 고통스레 털어놓았다. 그 뒤로 자신이 게이인가 싶어 성적 성향에 대해 혼란스러워진 그는 자아를 찾고자 발버둥을 쳤다. 그런 의구심 때문에 자기혐오에 빠져 머릿속으로 늘 자신을 비웃었다.

자신이 행여 게이일 수도 있다는 게 어찌나 역겨웠던지 그는 그렇게 사느니 차라리 자살하겠다는 말을 되풀이했다. 감정이 온통 뒤죽박죽인 자신을 혐오했고, 자신을 학대당하게 두신 하나님께 분노했다. 또 성적 성향에 대한 자신의 혼란을 주님 탓으로 돌리면서 그분이 무고한 아이에게 고통을 허락하시는 이유를 알고자 고심했다.

그렇게 하나님과 자신을 지독히 혐오하다 보니 프랭크는 아무도 믿지 않고 모두를 비웃는 냉소가 몸에 배었다. 그래서 항상 남의 흠을 잡았고, 자신을 친절하게 대하려는 사람에게 성질을 부렸다. 거의 모든 사람을 애써 밀어냈을 뿐 아니라 조금이라도 마음이 끌릴 때는 특히 더했다. 친밀한 관계라면 질색하면서도 그는 사는 게 외로워 제발 아내와 가정이 있으면 좋겠다며 지독한 불만을 토로했다. 그야말로 혼란과 상처와 분노에 빠져 길을 잃은 사람이었다.

이상의 문제를 우리는 하나님의 원리인 진리와 사랑과 자유에 비추어 탐색하기 시작했다. 프랭크는 삶의 의미를 찾아야 했고, 자신의 상황을 이성적이고 건강하고 치유에 도움이 되게 이해할 필요가 있었다. 그는 하나님이 정말 사랑이시라면 결코 아이를 학대당하게 두지 않으실 거라고 믿었다. 고대로부터 이어져 온 질문을 알게 모르게 던진 셈이다. 사랑의 하나님이 왜 그토록 심한 고통을 허락하시는가?

첫째: 우주적 전쟁

이 질문에 충분히 답하려면 최대한 큰 관점에서 보는 수밖에 없다. 또 주제를 전쟁이라는 바른 문맥 속에 두어야 한다. 이는 국가 간의 국지전이나 심지어 세계 대전도 아니다. 우주 전체가 개입된 싸움이며 전쟁터는 우리의 지구다. 벌써 수천 년째 이어진 이 싸움에는 사랑과 자유, 인간의 개성이 걸려 있다. 무기는 힘과 무력, 총알과 탱크, 화염검과 번개가 아니다. 이 전쟁의 관건은 두 방법, 두 원리, 두 동기다. 즉 '이기심의 원리'와 '사랑의 원리'의 싸움이다. 바로 이런 우주적 전쟁의 문맥 속에서 위와 같은 난제의 답을 모색해야 한다.

이차대전 때 미국에서 파병된 많은 젊은이가 유럽과 아시아에서 자유를 위해 싸웠다. 그중 다수가 총탄에 맞아 다치고 전사했기로서니 그게 놀랄 일인가? 이를 뜻밖이나 충격으로 여긴 사람은 아무도 없다. 따라서 "왜 우리 군대에 계속 나쁜 일이 벌어지는가?"라고 물은 사람도 없다. 전쟁 중임을 알았기 때문이다. 아군을 죽이기로 작정하고 달려드는 적군이 있었으니 말이다.

마찬가지로 우리가 이 지구에서 맞서 싸우는 적도 우리를 최대한 많이 죽이거나 상처를 입히기로 작정했다. 사도 베드로는 우리가 방심

해서는 안 됨을 이렇게 상기시킨다. "근신하라, 깨어라. 너희 대적 마귀가 우는 사자 같이 두루 다니며 삼킬 자를 찾나니"(벧전 5:8).

그러나 적은 우리를 멸하려 하지만 하나님은 우리를 구원하시는 게 목표다. "만일 하나님이 우리를 위하시면 누가 우리를 대적하리요"(롬 8:31). 그런데 하나님이 정말 우리 편이시라면 왜 그분의 아군에게 여전히 나쁜 일이 닥치는가? 왜 그분은 이런 일이 벌어지게 두시는가? 왜 전능하신 그분이 개입해 고통스러운 일을 막지 않으시는가?

이 전쟁의 관건은 힘이 아니다

우선 이 전쟁은 단순히 어느 쪽이 더 강하냐의 문제가 아니다. 사탄도 자기가 하나님보다 힘이 세다고 주장한 적은 없다. 성경에 보듯이 귀신들도 믿고 떤다(약 2:19). 하나님의 권능을 익히 알기에 사탄은 무력으로 그분을 전복시키려는 시도가 부질없음도 안다. 그래서 그가 우리를 하나님과 떼어 놓으려고 쓰는 방법은 따로 있다. 사탄은 주님이 권력을 남용하시므로 우리에게 자유가 없다는 식으로 은근히 속인다. 앞서 여러 장에 보았듯이 자유의 법칙은 개성을 존중한다. 자유의 법칙을 위반하면 사랑이 파괴된다. 그런데 사탄은 하나님을 폭력적인 분으로 둔갑시킨다. 우리 안에 그분을 향한 반감을 심어 사랑을 말살하고 반항심을 조장하기 위해서다.

하지만 하나님은 세상을 이처럼 사랑하사 독생자를 보내셨으니 이는 세상을 정죄하려 하심이 아니라 구원하려 하심이다. 다시 말해서 예수는 우리를 향한 하나님의 사랑을 보여 주심으로 우리 마음속에 사랑을 깨우신다.

이 전쟁의 관건은 사랑이다

힘으로는 사랑을 얻을 수 없다. 사랑만이 사랑을 깨운다. 하나님이
아들을 보내 예증하셨듯이, 그분 자신의 목숨이 걸려 있을 때조차도
사랑과 자유의 원리는 너무 중요해 위반될 수 없었다. 그리스도는 십
자가에서 힘으로 자신을 구원하지 않으셨다. 왜 그러셨을까? 힘으로
이기시면 사탄이 옳다고 입증되기 때문이다. 즉 하나님은 자신의 목적
을 위해 힘으로 조종하는 자의적이고 변덕스러운 신이 된다. 그런 우
주에는 사랑과 자유가 존재할 수 없다.

그리스도는 정반대를 보여 주셨다. 즉 하나님과 함께라면 우리는
참으로 자유롭다. 주님은 우리의 자유를 한없이 존중하시기에 힘으로
우리를 자신의 뜻에 복종시키시느니 차라리 자신이 죽으셨다. 그런데
참 자유에는 큰 위험도 수반된다. 바로 반항과 오용의 위험이다.

치유된 사람만이 남에게 안전한 이웃이 된다

세계무역센터와 국방부 건물이 공격당한 뒤로 새로운 테러 위협이
날마다 뉴스에 오르내리자 사람들은 두려움과 범죄가 없고 자유가 오
용되지 않는 나라, 군대가 테러리스트를 추격하거나 경찰이 거리를 순
찰할 필요가 없는 나라를 이전 어느 때보다도 동경한다.

그런 곳이 존재하려면 자발적 선택으로 하나님과 협력해 사고가 치

유된 사람들이 거주해야만 가능하다. 사랑과 자유라는 방법을 중시하고 실천하는 개인들이 살아야만 우주가 안전해진다. 하나님과 협력해 내면에 그분의 형상이 회복된 사람만이 구원받는다. 치유된 사람만이 남에게 안전한 이웃이 되기 때문이다.

그래서 하나님은 사람마다 이 땅에서 성품을 기르되 각자의 자유 의지대로 하도록 두신다. 그분이 만일 사람의 사고에 개입해 억지로 특정한 행동을 택하게 하신다면, 그 사람은 자유로운 존재가 아니라 하나님께 조종당하는 기계다. 그런 인간은 사랑할 수 없으며 프로그램화된 명령만 수행할 수 있을 뿐이다. 하나님이 원하시는 일은 힘과 능력으로 이루어질 수 없다. 신뢰가 회복되려면 그분이 사랑으로 진리를 계시해 주신 뒤 사람들 스스로 결론을 내리고 반응하도록 자유롭게 두셔야만 한다.

둘째: 징계

모든 인간은 자유의 법칙에 따라 자신이 선호하는 방법을 스스로 결정해야 한다. 물론 하나님과 협력해 마음과 사고가 변화되려면 옳은 길을 택해야 한다. 그런데 우리는 해로운 행동이나 관계에 워낙 익숙해져 있어 진리를 식별하지 못할 때가 너무 많다. 그래서 선하신 아버지 하나님은 사랑하시는 자녀를 징계하신다. 사고를 깨워 자신이 위험에 빠져 있음을 보여 주시기 위해서다.

시련이 찾아옴은 대개 우리 삶의 해로운 요소를 더 명확히 보고 의지적으로 고치게 하기 위해서다. 내 동료의 말처럼 "고통은 영혼의 비료다." 가장 큰 성장은 대개 역경 중에 이루어진다. 힘들 때일수록 사람의 진면목과 결함이 밝히 드러나기 때문에 오히려 치유와 성장의 기회가 된다. 아래의 여러 성경 본문을 생각해 보라.

"내 형제들아, 너희가 여러 가지 시험을 당하거든 온전히 기쁘게 여기라. 이는 너희 믿음의 시련이 인내를 만들어 내는 줄 너희가 앎이라. 인내를 온전히 이루라. 이는 너희로 온전하고 구비하여 조금도 부족함이 없게 하려 함이라"(약 1:2~4).

"그러므로 너희가 이제 여러 가지 시험으로 말미암아 잠깐 근심하게 되지 않을 수 없으나 오히려 크게 기뻐하는도다. 너희 믿음의 확실함은 불로 연단하여도 없어질 금보다 더 귀하여 예수 그리스도께서 나타나실 때에 칭찬과 영광과 존귀를 얻게 할 것이니라"(벧전 1:6~7).

"하나님이여, 주께서 우리를 시험하시되 우리를 단련하시기를 은을 단련함 같이 하셨으며"(시 66:10).

"무릇 내가 사랑하는 자를 책망하여 징계하노니"(계 3:19).

이런 본문은 무슨 뜻인가? 교통사고로 당신의 다리가 부러졌다고 상상해 보라. 의사가 뼈를 맞추었고 이제 물리치료를 받을 차례다. 물리치료가 어떻게 느껴질까? 치료 과정에 고통이 따르지 않을까? 이번에는 어렸을 때 성폭행을 당한 여자가 상처를 치유하고자 심리치료를 받는다고 하자. 역시 치료가 고통스럽지 않을까?

우리는 병들어 있다. 사고에 결함이 있다 보니 해로운 방식의 대응과 관계에 마음이 끌린다. 치유 과정은 고통스럽다. 그러나 다리에 골절상을 입은 당신이 물리치료를 받으면 점차 고통이 줄면서 기력과 자율 기능이 되살아난다. 어려서 학대당한 여자도 치료를 통해 상처를 다루면 점차 고통이 줄면서 성품이 더 건강해진다.

하나님은 치유에 고통이 수반됨을 아신다. 그분도 자신의 우주를 치유하고자 고통을 당하셨다. 그분이 친히 희생하시지 않고는 우주에 평안과 건강을 회복하실 수 없다.

예수는 왜 죽으셔야 했는가?

하지만 하나님은 왜 희생하셔야 했는가? 그분의 고통이 어떻게 우주를 치유하는가? 그리스도의 죽음이 왜 필요했는가?

우주에 다시는 반항이 없도록 막으면서 우리의 온전한 신뢰를 도로 얻으시려면 그 방법밖에 없기 때문이다. 사랑은 강요될 수 없다. 우리의 사랑은 자발적으로 드려져야 한다.

하나님을 사랑하려면 그분을 알아야 하는데, 타락한 상태인 우리는 그분의 참된 속성과 방법을 잊었다. 사탄의 기만으로 인해 우리의 사고가 어두워졌다. 하나님의 성품이 계시되어야만 사탄의 왜곡이 걷힐 수 있으며, 하나님과 동등하신 분만이 그 성품을 정확히 계시하실 수 있다.

그리스도는 인간의 육신을 입은 하나님으로 오셔서 세상을 온통 휘감은 사탄의 어둠을 걷어 내셨다. 구주의 삶과 죽음은 하나님에 대한 사탄의 모든 거짓을 논파하고, 인류와 온 우주 앞에 하나님의 성품과 통치를 신원(伸寃)한다. "아버지께서는 모든 충만으로 예수 안에 거하게 하시고 그의 십자가의 피로 화평을 이루사 만물 곧 땅에 있는 것들이나 하늘에 있는 것들이 그로 말미암아 자기와 화목하게 되기를 기뻐하심이라"(골 1:19~20).

그리스도께서도 자신의 사명이 인류에게 아버지의 성품을 계시하여 우리 마음속에 하나님의 사랑을 회복하시는 일이라고 친히 밝히셨다. 십자가를 지시기에 앞서 마지막으로 아버지께 기도하실 때 그분은 이렇게 말씀하셨다. "내가 아버지의 이름을 그들에게 알게 하였고 또 알게 하리니 이는 나를 사랑하신 사랑이 그들 안에 있고 나도 그들 안에 있게 하려 함이니이다"(요 17:26).

예수의 죽음으로 입증되었듯이 하나님은 절대 권력의 소유자이시지만 결코 그 권력으로 개인의 자유를 제한하지 않으신다. 그분이 통치하시면 우리는 정말 자유롭다.

권력은 타락하고 절대 권력은 절대 타락한다는 경구를 당신도 들어 보았을 것이다. 그러나 그리스도의 십자가는 하나님이 절대 권력을 지니시고도 타락하지 않으신다는 증거다.

생각해 보라. 전능하신 하나님은 힘으로 자기 뜻을 관철하실 수 있는데도 우리에게 스스로 선택할 수 있는 참 자유를 부여하신다. 그분은 자신의 지성적 피조물의 개성과 자유를 정말 존중하신다. 이보다 더 영광스러운 일이 있을까?

하나님의 영광

많은 사람이 하나님의 영광을 거창하게 과시되는 권능과 힘과 불로 생각하지만, 성경은 가장 큰 영광이 그분의 성품 속에 드러난다고 가르친다. 유한한 존재이다 보니 전능하신 하나님께 흔히 두려움으로 반응하는 사람이 많다. 불행히도 이런 두려움은 대개 반항심을 낳는다. 사탄이 제기한 근거 없는 소송에서 하나님은 힘을 과시해서는 이기실 수 없다. 그러면 인간 쪽에서 무서워서 복종할 수밖에 없기 때문이다.

하나님은 결코 강압 전법을 쓰지 않으신다. 그분의 선하신 성품에 어긋나기 때문이다. 힘과 능력으로 동조를 강요하면 자유의 법칙에 어긋나 더 반항심을 부른다. 이건 사탄이 쓰는 수법이다. 하나님이 그런 방법을 쓰시면 결국 패소하신다. 그분의 능력은 어마어마하지만 그게 영광의 출처는 아니다. 능력만으로는 겁과 무서움을 유발해 그분을 향한 우리의 사랑이 파괴되기 때문이다.

19세기의 신학자 조지 맥도널드도 똑같이 지적했다. "하나님의 가장 깊은 면은 무엇인가? 능력인가? 아니다. 능력만으로는 진정한 의미의 신이 될 수 없다. … 존재의 정수가 오직 능력뿐이라면 이는 신성에 크게 반하므로 그에게는 의로운 예배가 드려질 수 없다. 오직 두려움으로 섬길 뿐이다."[1]

가장 중요한 건 능력이 아니라 전능하신 분의 신뢰성이다. 하나님의 영광의 진정한 출처는 우리 앞에 드러나는 성품이다. 능력을 겸비하신 분의 성품이다. 일례로 하나님은 전능하시지만, 누구도 그분을 도발해 그 능력으로 사리를 취하게 하실 수 없다. 아무리 끔찍하고 폭력적인 상황에서도 마찬가지다. 인류가 이 사실을 십분 인식하면 신뢰

---

1 George MacDonald, "The Creation in Christ," *Unspoken Sermons, Third Series* (London: Longmans, Green and Co., 1889).

가 회복되고 사랑이 재생된다. 그때 비로소 우리는 마음과 사고를 그분께 열고 치유와 회복을 받아들인다.

성경에 이 점이 명백히 나와 있다. 학개서에 보면 제2성전의 영광이 솔로몬 성전의 영광보다 더 크리라고 선포되어 있다(학 2:7~9). 바빌론에 포로로 끌려갔던 유대인들이 귀환해 다시 지은 건물에 관한 예언이다.

그런데 에스라서에 보면 나이든 레위인들과 족장들은 새 성전을 보고 울었다. 솔로몬 성전에 비해 너무 작았기 때문이다(스 3:12). 재건된 성전이 첫 성전보다 작은데 어떻게 더 영광스러울 수 있을까? 대다수 성경학자는 예수가 제2성전의 뜰을 거니셨으므로 그분의 임재 때문에 더 영광스러워졌다고 즉각 설명한다.

그러나 역대하에 보면 솔로몬 성전이 봉헌될 때도 하나님의 영광이 너무 눈부셔서 제사장들이 능히 들어가지 못했다(대하 5:13~14). 다시 말해서 하나님이 두 성전에 다—처음에는 위엄을 과시해, 나중에는 인간의 모습으로—임하셨는데도 학개는 제2성전이 더 영광스럽다고 공표했다. 왜 그랬을까? 그리스도께서 하나님의 성품을 드러내신 곳이 제2성전이기 때문이다. 자신이 이기적으로 힘을 동원하느니 차라리 피조물의 손에 수욕을 당하실 분임을 그분은 거기서 보여 주셨다. 능력을 겸비하신 자신이 또한 우리가 신뢰할 만한 분임도 거기서 예증하셨다.

모세가 산에서 하나님과 대화하다가 그분의 영광을 보여 달라고 했을 때 주님은 어떻게 하셨던가? 그에게 "내가 내 모든 선한 것을 네 앞으로 지나가게 하"겠다고 답하셨다(출 33:19). 그러고 나서 모세 앞을 지나가시며 이렇게 선포하셨다. "여호와라, 여호와라, 자비롭고 은혜롭고 노하기를 더디 하고 인자와 진실이 많은 하나님이라. 인자를 천 대까지 베풀며 악과 과실과 죄를 용서하리라"(출 34:6~7).

하나님이 자신의 성품을 가장 유감없이 드러내신 곳이 십자가였다. 십자가를 통해 우리는 과연 그분의 은혜와 자비와 용서와 인내와 긍휼과 성실과 진실을 본다. 십자가에서 드러났듯이 우리가 아무리 도발해도 그분은 그 엄청난 능력을 이기적으로 쓰실 분이 아니다. 그분은 전능하시지만, 은혜는 더 크다. 창조주로서 자신의 지성적 피조물의 개성을 정말 존중하신다. 우리가 그 개성을 오용해 그분을 죽이려 할 때조차도 말이다.

여태 사탄이 우주와 특히 지구에 감쪽같이 퍼뜨린 온갖 기만은 이 계시 앞에서 드러나 파괴된다. 이렇게 드러난 하나님의 성품과 특히 신뢰성이야말로 우리의 신뢰를 다시 얻어내 치유와 구원을 낳는다.

셋째: 상반되는 두 동기의 계시

착한 사람에게 나쁜 일이 벌어지는 이유가 십자가 사건으로 어느 정도 설명된다. 우리가 사는 지구는 사탄의 적자생존 원리—자아를 앞세우는 원리—대로 돌아간다. 상반되는 두 가지 굵직한 동기나 방법을 세상사 전반에서 볼 수 있다.

하나님이 예증하셨듯이 사랑은 자유로운 분위기에서만 존재할 수 있으며 강요되거나 강압될 수 없다. 주께서 보여 주신 대로 그분과 함께라면 설령 고통이 수반될지라도 우리는 늘 참으로 자유롭다.

사탄은 우리를 꾀어내어 자유를 오용해 해를 자초하고 남을 해치게 한다. 그래 놓고는 우리를 속여 그게 하나님이 벌하신 결과라고, 또는 그분을 무심하거나 무능한 존재라고 믿게 만든다. 마귀는 우리가 실상을 정말 보게 될까봐 두려워 떤다. 하나님은 행동을 강요하시면서 동시에 우리를 사랑하실 수는 없는데, 마귀는 우리가 그 사실을 깨달을까 봐 전전긍긍한다. 그분이 만일 그렇게 시도하신다면 사랑 자체가 파괴된다.

사랑이 존재하려면 자유가 필수 조건이다. 사랑과 자유는 당연히 큰 손해를 무릅쓴다. 인류가 하나님의 법인 사랑과 자유를 버리고 반항했는데도 그분이 이 반항을 아직 종식시키지 않으신 데는 이유가 있다. 우리가 실상을 깨닫고 지성적 결정을 내려 그분이 베푸시는 치유를 받아들여야 하는데, 아직 그러지 못한 사람이 지구상에 많기 때문이다. 하나님은 누구나 다 치유받기를 원하시기에 인내하며 기다리신다.

이는 사고의 치유가 걸린 문제다. 사고가 치유되려면 이성이 고결해지고, 양심이 정화되고, 의지가 강화되고, 생각이 깨끗해지고, 감정을 절제할 수 있어야 한다. 이성과 진리와 사랑과 자유에 입각해 생각과 행동이 재정립되어야 한다.

하나님은 우리 마음과 사고를 힘으로 변화시키실 수 없다. 대신 그분은 사랑으로 진리를 계시해 주신 뒤 우리 스스로 결론에 도달하도록 자유롭게 두신다. 그런데 불행히도 거짓 복음이 하나님을 정반대로 제시해 그 일을 방해한다. 거짓 복음은 인간의 사고 속에 신뢰 대신 두려움을 심어 준다.

거짓 복음

대중화된 신앙 교육에 따르면 죄의 문제점은 인간의 건강하지 못한 마음과 사고가 아니라 하나님의 분노와 진노에 있고, 그리스도는 그 진노를 달래려고 오셔서 죽으셨다. 아울러 이 입장에 따르면 지금 그리스도는 천국에서 우리를 위해 아버지께 빌고 계신다. 우리가 심판대 앞에 설 때 하나님이 우리의 죄성 대신 그리스도의 완전한 의를 보시도록 말이다.

흔히 이 견해는 "보혈로 덮으신다," "피로 씻음 받는다," "그리스도의 의로 옷 입는다" 등과 같은 소중히 애용되는 문구를 통해 양의 가죽을 쓴 늑대처럼 변장한다. 자기네 고백과는 거리가 멀게 이 잘못된 견해는 사실 썩은 사과에 사탕발림한 이론이다. 이에 따르면 마음의 변화는 필요 없고, 썩은 마음을 '그리스도의 피'로 덮기만 하면 된다. 그러면 완전해 보여서 엄중한 심판을 통과할 수 있다는 것이다. 그러나 이미 보았듯이 하나님과 협력해 실제로 마음이 변화된 사람만 천국에 들어간다. 마음이 변화되지 않고는 주변에 안전한 존재가 될 수 없기 때문이다.

죄는 천연두와 같다

자녀가 천연두에 걸린다면 당신은 그 아이를 다른 자녀들과 함께 집에 두겠는가? 병이 옮지 못하도록 다른 자녀들을 보호하지 않겠는가? 병든 자녀를 격리한다 해서 그 아이만 사랑하지 않는다는 뜻인가? 물론 아니다. 오히려 당신은 자신의 건강을 해칠 위험마저 기꺼이 무릅쓸 것이다. 건강한 자녀들을 집에 두고 병든 아이 곁으로 가서 최대한 모든 도움을 베풀 것이다.

자녀의 천연두를 고칠 항체가 당신의 혈액 속에 있는데 아이가 수혈받기를 거부한다면 어떻게 될까? 당신이 아이를 죽이는 건가, 아니면 아이가 저절로 죽는 건가?

우리가 병들어 천국에 부적합해졌기 때문에 하나님이 천국 집을 떠나 우리에게 치료책을 가져오셨다. 바로 그분에 대한 진리다. 이 치료책을 우리가 거부하면 그 선택의 결과는 죽음이다.

이스라엘의 출애굽 직후에 벌어진 구약의 한 이야기에서 이런 실례를 볼 수 있다. 포로 생활에서 벗어난 지 얼마 안 되어 미리암과 아론이 모세를 질투해 누가 백성을 이끌어야 하는지를 두고 왈가왈부했다. 하나님이 개입해 미리암을 나병으로 치셨다. 미리암은 병이 나을 때까지 진영을 떠나 다시 돌아올 수 없었다(민 12장).

성경에서 나병은 죄를 상징한다. 우리 사고는 나병에 걸려 하나님의 방법에 어긋나는 원리대로 작동한다. 하나님과 협력해 치유된 사람만이 천국 진영에 들어갈 수 있다. 치유는 개성을 되찾는 과정이다. 그러면 유전적 결함의 지배에서 벗어나 사랑과 진리와 개방과 자유의 원리대로 사고하고 행동할 수 있는 능력이 회복된다.

이 실재를 오해하는 사람이 있다. 그들은 치유자 하나님과 치료 과정에 초점을 맞추지 않고 자신의 상태에 집중한다. 내면의 흠을 보며 자신의 구원을 의심한다. 내 환자 중에도 구원받지 못할까 봐 못내 불안해하는 사람이 많다. 계속 자신의 결함에 주목하기 때문이다. 관건은 지난날의 잘못이나 진행 중인 씨름이 아니라 치료 과정에 동참하는 일인데, 그들은 이 사실을 보지 못한다.

생명의 길에 머무는 게 핵심이다

당신이 양쪽 허파가 폐렴에 걸려 그 증상으로 고열이 나고 숨이 가쁘고 자꾸만 기력이 떨어진다고 하자. 가만히 있으면 죽음의 길로 가지 않겠는가?

하지만 병원에 가서 항생제를 비롯한 치료를 받으면 생명의 길에 들어선다. 죽음의 길을 떠나 생명의 길로 옮기는(항생제를 처음 먹는) 당일로 병이 즉시 나을까? 물론 아니다. 하지만 항생제를 먹기 시작하는 그날로 치유가 시작된다. 생명의 길에 머무는 한(약을 먹으며 꾸준히 통원 치료를 받는 한) 건강한 결과가 보장된다 해도 과언이 아니다.

폐렴에서 회복되는 과정 중에도 열과 오한과 식은땀과 가래 기침은 반복될 것이다. 이런 증상은 당신의 병세가 악화되고 있다는 증거인가? 사실은 항생제 때문에 가래가 더 많이 나올 수 있다. 약이 병균을 공격하기 때문이다.

우리도 사고를 치유하고자 생명의 길에 들어서서 하나님과 협력하기 시작하면, 그 과정에서 무언가 독소를 뱉어낼 때가 많다. 성격 결함이 자주 튀어나오고 실수도 저지른다. 하지만 이런 실수는 우리가 구원을 잃었다는 뜻이 아니라 오히려 성격 결함에 맞서 싸워 그런 결함을 축출하고 있다는 뜻일 때가 많다.

폐렴 환자가 항생제 복용을 중단하고 병원에도 가지 않는다면 어떻게 될까? 그리스도께로 돌아온 우리가 그분과 동행하기를 그만두고 사고의 치유를 위한 그분과의 협력도 중단한다면 어떻게 될까?

치료를 거부하는 환자는 거의 다 죽는다. 의사가 죽이는 게 아니다. 제멋대로 반항하는 하나님의 자녀도 망한다. 진료를 거부하는 대가가 사망이듯 죄의 삯도 사망이다. 양쪽 다 자멸의 길을 택한 데 따른 필연적 결과다.

악인에게 임하는 죽음은 삶을 지배하는 우주의 원리를 스스로 어긴 결과다. 사랑의 법과 자유의 법칙을 끈질기게 무시했기 때문이다. 알다시피 이 두 법은 실정법이 아니라 중력의 법칙처럼 우주의 상수(常數)요 실재다. 인류가 이런 문제에 무지하므로 하나님이 은혜로 개입하셔서, 사랑과 자유의 법을 어긴 결과를 당할 날을 보류하셨다. 인간에게 회생의 기회를 주신 것이다.

죄의 결과를 당분간 보류하시는 하나님

당신이 고층 건물 꼭대기에 있다고 상상해 보라. 하나님은 "네가 이 건물에서 뛰어내리는 날에는 반드시 죽으리라"라고 말씀하셨다.

곧 사탄이 뱀 대신 독수리의 모양으로 활공하며 다가와 하나님의 신뢰성에 의문을 제기한다. "하나님이 참으로 네게 여기서 뛰어내리는 날에는 죽으리라 하시더냐. 네가 결코 죽지 아니하리라. 나를 보라. 뛰어내렸으니 이렇게 날 수 있느니라. 하나님이 너를 날지 못하게 하시려는 것뿐이라." 그래서 당신은 뛰어내린다. 얼마나 스릴 만점인가. 바람이 획획 스쳐 지나가고 점점 가속도가 붙는다. 분명히 날고 있다. 그런데 알고 보니 한 방향으로만 간다. 직하 방향이다. 겁에 질린 당신은 그제야 깨닫는다. 외부의 개입이 없이는 당신은 반드시 죽는다.

순식간에 하나님이 손을 내밀어 공포에 사로잡힌 당신을 공중에 정지시키신다. 은혜로 결과를 보류하신 채 당신에게 창문으로 걸어 나가 살아날 기회를 주신다. 심지어 하나님은 자기 아들을 보내 그 건물에서 내던져지게 하심으로 결과를 보여 주기까지 하셨다. 그런데 그때는 아들에게 닥칠 결과를 보류하지 않으시고 가만히 계셨다. "나의 하나님, 나의 하나님, 어찌하여 나를 버리셨나이까"라는 그리스도의 절규를 들으며 우리는 깨닫는다. 중력의 법칙을 어긴 결과는 실존의 격상이 아니라 죽음이며, 이 죽음은 외부에서 가하는 형벌이 아니라 당연한 결과다.

하지만 당신이 끈질기게 하나님께 내 삶에 상관하지 말라고 한다면, 그분은 당신의 자유를 존중하신다. 창문으로 걸어 나가라는 그분의 당부를 당신이 거듭 거부하며 자기 뜻을 고집한다면, 그분은 당신이 하고 싶은 대로 하게 두신다. 그분이 손을 떼시는 순간 당신은 추락사 한다. 하나님의 우주적 법칙을 어긴 당연한 귀결이다.

하나님은 원수가 말하는 그런 분이 아니다

하나님이 용서에 인색해 우리가 달래 드리기를 요구하신다는 이론은 그분을 제물이나 밝히는 자의적 독재자로 둔갑시킨다. 또 성부와 성자를 서로 달라지게 만드는데, 이 이론에서 말하는 그리스도가 아버지의 진노와 복수로부터 우리를 보호하고자 아버지께 탄원하는 자비로운 중재자임을 생각하면 특히 그렇다. 그러나 이성을 버리지 않고 지킨 사람들은 당연히 이 이론을 거부한다.

불행히도 우리 그리스도인은 하나님이 그런 분이 아니라는 진리를 제대로 제시하지 못할 때가 너무 많았고, 이 때문에 많은 사람이 신이라는 개념을 아예 거부한다. 그리스도는 하나님의 사자요 대리인이요 대사로서 우리에게 하나님과 그분의 방법과 원리에 대한 진리를 가져오신 분이건만, 우리는 이 사실을 잘 선포하지 못했다. 그래서 이성을 버리지 않으려면 하나님을 거부해야만 하는 양자택일로 많은 사람을 몰아갔다. 이 두 갈래 길에서 불합리한 신념 체계를 받아들이느니 차라리 신을 거부하는 사람이 많다. 그 신이 이성을 버릴 것을 요구하기 때문이다.

이 책에 상술했듯이 다행히 하나님은 그런 분이 아니다. 그분은 우리의 개성과 사고력과 논리력을 참으로 존중하신다. 이 진리를 깨닫고 그런 하나님을 신뢰하는 사람은 사망의 길에서 벗어나 생명의 길로 들어선다. 사고를 치유하고자 생명의 길에서 주님과 협력하기 시작한 후에도, 의인이 고난을 겪는 이유가 하나 더 남아 있다.

넷째: 증인

욥기 첫 장을 통해 우리는 하늘에서 벌어지는 전쟁의 막후를 볼 수 있다. 막이 열리면 하나님이 보좌에 앉아 계신다. 그분의 주위에는 아침의 아들들이 모여 있다. 우주 전역에서 온 하나님의 지성적 피조물이다.

곧 사탄이 땅을 두루 다니다 들어선다. 이때 하나님이 놀라운 일을 하신다. 사탄에게 욥을 이렇게 평가하신 것이다. "네가 내 종 욥을 주의하여 보았느냐. 그와 같이 범사에 온전하고 의로운 자는 세상에 없느니라." 그러자 사탄이 이렇게 대꾸한다. "아니, 그렇지 않사옵니다. 욥은 주께서 대우를 잘해 주시니 의로운 척할 뿐이옵니다. 이제 주의 뇌물을 거두어 보소서. 그러면 그의 참모습이 드러나 주를 향하여 욕하리이다."

이로써 겨루기가 시작된다. 하나님과 사탄 중 누구의 말이 진실일까? "좋다, 사탄아. 욥을 네 손에 맡기노라. 그에게 네 마음대로 하되 죽이지는 말지니라." 주님의 이 선언을 듣는 순간 아침의 아들들은 틀림없이 흥미가 고조되었을 것이다.

사탄은 욥을 아무렇게나 다룰 수 있는 재량을 받았다. 그래서 어떻게 했던가? 욥에게 재물을 이전보다 백배나 더 줄 수도 있었으나 사탄은 그러지 않았다. 그는 파괴자인지라 즉시 욥의 재물과 자녀와 건강을 결딴냈다. 그가 우주 앞에 내보였듯이 파괴자는 하나님이 아니라 사탄이다. 주님이 왜 그런 일을 허용하시겠는가?

많은 사람이 욥의 이야기를 의인이 고난을 겪는 원리에 대한 실례로 본다. 그러나 더 정확히 말해 욥기의 주제는 선과 악의 우주적 전쟁이다. 천사들은 마음과 사고를 읽을 수 없다. 읽을 수 있었다면 사탄이 천상의 첫 반역 때 결코 그중 3분의 1을 현혹하지 못했을 것이다. 하나님이 욥을 의롭다고 선포하시자 사탄은 반대 주장을 폈다. 천사들은 어느 쪽의 말이 진실인지 분간할 수 없었다. 만일 욥이 사탄의 유혹에 굴해 하나님을 욕한다면 사탄은 우주를 향해 이렇게 떠벌일 것이다. "봐라, 내가 말하지 않았던가. 하나님은 욥에 대해 틀렸고 나에 대해서도 틀렸다. 그분의 말은 믿을 수 없다."

욥기에 걸려 있는 문제는 실로 엄청나다. 그러나 욥이 워낙 하나님의 신뢰받는 친구인지라 그분은 인간인 그를 우주의 증인석에 세워 그분에 대해 옳은 말을 하게 하셨다. 때로 의인은 증인으로서 고난을 겪으며, 상반되는 두 동기의 차이를 입증한다. 하나는 하나님의 방법인 사랑과 자유이고, 또 하나는 사탄의 방식인 이기심과 무력과 강요다.

하나님은 참 자유를 베푸신다

하나님의 통치는 참 자유를 베푼다. 그분은 만인에게 선한 쪽으로든 악한 쪽으로든 공공연히 의지를 구사할 것을 허용하신다. 그리하여 하나님의 방법보다 사탄의 방법을 선호할 때 벌어지는 결과를 온 우주와 우리 앞에 드러내신다.

이 책에 소개한 많은 환자의 삶에서 보았듯이 하나님의 방법을 무시하면 고통과 파멸이 따른다. 주께서 그런 고통스러운 사건을 허용하심은 그분이 참으로 자유를 보장하시기 때문이다. 이 자유를 오용하면 하나님의 방법과 사탄의 방법의 차이가 밝히 드러난다.

하나님은 우리가 건강과 생명과 사랑과 자유의 길을 보고 자발적으로 그분의 방법을 택하기를, 그리하여 죽지 않고 살기를 원하신다. 자진해서 의지를 구사해 진리를 선택해야만 우리를 괴롭히는 온갖 문제로부터 회복될 수 있다.

우리 스스로 죄에서 벗어날 능력이 없음은 사실이다. 그러나 의지를 발휘해 자발적으로 옳은 길을 선택하면, 하나님이 우리 사고에 그분의 능력을 불어넣어 주신다. 삶의 악습을 끊는 데 필요한 힘을 주신다. 사도 베드로의 말처럼 우리는 "신성한 성품에 참여하는 자"가 되어 하나님과 그분의 방법에 조화되게 살아간다(벧후 1:4). 그러면 그리스도의 참 군사가 되어 필요하다면 부상을 감수하고라도 진리를 드러내며 승리를 위해 싸운다.

내 친구 그레이엄 맥스웰(Graham Maxwell)은 그것을 이렇게 표현했다. "내가 믿기로 기독교에서 가장 중요한 신념은 하늘 아버지에 대한 진리다. 곳곳에 흩어진 하나님의 친구들에게 기쁨과 확신을 가져다주는 이 진리는 아들 예수의 삶과 죽음이라는 값비싼 대가를 통해 확증되었다.

하나님은 원수의 말대로 자의적이고 용서에 인색하고 가혹한 분이 아니라. … 아들 예수와 똑같이 자비롭고 믿을 만한 분이며 아낌없이 용서와 치유를 베푸신다. 우리의 창조주는 위엄과 권능도 무한하지만, 은혜도 똑같이 풍성해 자신의 지성적 피조물의 자유와 존엄과 개성을 무엇보다도 중시하신다. 그래서 우리는 자발적으로 그분을 믿고 사랑하며 기꺼이 듣고 순종할 수 있다. 심지어 그분은 우리를 종이 아니라 친구로 대하기를 더 좋아하신다. 이 진리가 성경의 모든 책에 계시되어 있다. 이것이야말로 온 우주에 걸쳐 하나님의 충성된 자녀들의 신뢰와 흠모를 자아내는 영원한 기쁜 소식이다.

하나님께 믿을 만한 친구로 불린 아브라함과 모세처럼 오늘날에도 그분의 친구들은 하늘 아버지를 한없이 칭송하기를 원한다. 욥에 대한 하나님의 말씀을 우리도 최고의 칭찬으로 갈구한다. '그는 나를 가리켜 옳은 말을 했느니라.'"[2]

서두에 소개한 환자에게 내가 이런 진리를 알려 주었다면 〈그녀〉가 뭐라고 말했을지 궁금하다. 하나님이 자신을 학대하신 게 아님을 깨닫는다면 그녀는 어떻게 반응할까? 자신에게 다가오려고 하나님이 친히 고난을 겪으셨음을 안다면 그녀의 기분이 어떨까? 자신을 치유해 주시려는 그분을 안다면 그녀의 삶이 어떻게 달라질까? 내 생각에 그녀는 안도하고 기뻐했을 것이다. 무엇보다 중요하게, 이런 하나님이라면 그녀도 좋아했을 것이다.

---

2 A. Graham Maxwell, "What We Believe." www.pineknoll.org/index. html.

14

사망의 길

어떤 길은
사람이 보기에 바르나
필경은 사망의 길이니라.
—잠언 14:12

거듭 확인했듯이 죄의 문제점은 파멸을 부르는 데 있다. 하나님의 법인 사랑과 자유를 어기면 당연한 결과로 우리의 사고력과 논리력이 손상된다. 건강한 것과 해로운 것, 옳고 그름을 분별하는 능력을 잃는다.

해로운 행위를 선택하면 점차 양심이 둔해져 마침내 하나님의 법인 사랑과 자유를 어겨도 가책이 없어진다. 이렇게 도덕적 방향 감각을 잃으면 욕망과 육욕대로 움직이는 이성 없는 짐승처럼 된다.

그래도 반항을 고집하면 우리는 망가질 대로 망가져 이제 아무리 많은 진리도 무용지물이 된다. 죄가 이미 이성과 양심의 기능을 회복 불능으로 파괴했기 때문이다. 사탄의 목표는 우리 사고의 최상위 기능을 파괴하는 것이다. 즉 이성을 몰아내고, 양심을 비뚤어지게 하거나 마비시키고, 의지를 욕망과 감정으로 지배하려 한다. 바로 사망의 길이다.

진리에 반응하는 사고 기능이 소멸되면 하나님도 더는 우리를 구원하실 방도가 없다. 그분의 손이 미치지 않는 곳으로 우리가 벗어나 버렸기 때문이다. 그래서 그분은 애석해하며 우리를 내버려 두어 선택의 결과를 거두게 하신다. 사망의 길을 따르게 두신다.

진리는 이성과 양심을 통해 사고 속에 들어온다

그리스도는 "진리가 너희를 자유롭게 하리라"(요 8:32)라고 말씀하셨다. 그러나 독자적 진리가 없는 사탄은 온 힘을 다해 우리가 하나님의 진리를 깨닫지 못하게 한다. 방법은 여러 가지다. 우선 그는 이성과 양심을 파괴하려 한다. 그 둘을 통해서만 진리가 사고 속에 들어오기 때문이다. 이성과 양심이 없이는 우리는 진리를 깨달을 수 없고, 그러면 무력해 자유를 위해 싸울 수 없다.

상호 배타적인 신념은 이성을 파괴한다

이성을 파괴하는 한 방법으로 사탄은 사람을 꾀어 앞뒤가 맞지 않고 정반대되는 내용을 믿게 한다. 이 목표를 이루기 위해 이성을 무시하는 쪽으로 우리를 몰아간다. 동시에 참일 수 없는 두 명제를 받아들이도록 말이다.

예컨대 사탄은 하나님이 사랑이시라는 진리를 반박하려고 우리를 꾀어 이렇게 믿게 만든다. 구원받을 사람과 멸망할 사람을 그분이 정하시므로 이 문제에서 우리에게는 자유로운 선택권이 없다는 주장이다. 하지만 앞서 보았듯이 자유 없이는 사랑도 존재할 수 없다. 그러므로 이 두 명제는 상호 배타적이다. 동시에 양쪽 다 참일 수는 없다. 양쪽 다 믿으려면 이성을 버리는 수밖에 없다. 이런 상황에서 우리는 "믿음으로 받아들인다"라는 말로 모순을 합리화하지만, 앞서 보았듯이 그것은 전혀 믿음이 아니다.

중고등부 목사와 마시멜로 모형 인간

어느 중고등부 목사가 주말 세미나에서 최선을 다해 천국의 경이를 묘사했다. 장차 천국에서 누릴 상상을 초월하는 기쁨과 우리를 향한 하나님의 끝없는 사랑을 영광스럽게 설명했다. 그러다 갑자기 화제를 돌려 마시멜로 만들어 줄에 매단 모형 인간을 보여 주었다. 마시멜로에 불을 붙이면서 그는 구원을 거부한 모든 사람에게 하나님이 가하실 고통과 환난을 끔찍하리만치 자세히 묘사했다. 어린 학생들에게 말하기를 주님이 엄청난 희생을 치러 우리에게 사랑을 표현하셨는데도 우리가 그분께 삶을 드리지 않는다면 그분이 고통으로 우리를 멸하실 수밖에 없다는 것이었다.

하지만 이 목사의 실연(實演)에는 정반대되는 신념이 등장한다. 이성을 구사해 보면 알겠지만, 하나님은 사랑의 아버지이면서 동시에 위협하는 파괴자일 수 없다. 그분이 겁박하는 방식으로 우리를 대하신다면 그분을 향한 우리의 반응은 자발적으로 드린 게 아니라 강요당한 게 된다. 이런 관계는 참일 수 없다. 하나님의 법인 자유를 침해해 반항심을 낳기 때문이다. 이 목사의 입장을 믿으려면 이성을 몰아내야만 한다.

생명의 근원이신 분이 손을 떼시면 …

하나님은 회개하지 않는 사람을 멸하겠다고 위협하지 않으신다. 그렇다면 그분을 거부하는 사람에게 어떻게 하실까? 정말 아주 간단하다. 사랑으로 하실 수 있는 유일한 행동을 하신다. 즉 손을 떼신다. 생명의 근원이신 분이 손을 떼시면 우리는 죽는다.

퇴근한 남편에게 아내가 그를 버리고 딴 남자에게 가겠다고 말한다고 하자. 충격에 휩싸인 남편은 어떻게 반응할까?

아내를 잡아 지하실로 끌고 가서 꼼짝 못하게 수갑을 채운 뒤 머리에 총을 들이대며 이렇게 말한다면 어떻게 될까? "내가 원하는 건 당신의 사랑뿐이오. 당신이 나를 사랑하지 못하겠다면 나는 사랑에 못 이겨 당신을 죽일 수밖에 없소." 아내의 반응은 어떨까? 사랑이 더 깊어질까, 아니면 더 떠나고 싶어질까?

그런 방법은 자유의 법칙에 명백히 어긋나므로 사랑이 깊어지기는커녕 반항심만 더 커진다. 이 작전으로는 아내의 마음을 되돌릴 수 없으니 이제 남편이 할 수 있는 일은 무엇일까? 가지 말라고 부탁하며 아내에게 행동과 실천으로 사랑을 표현할 수 있다. 제삼자를 대신 보내 설득해 볼 수도 있다. 하지만 이 모든 노력에도 불구하고 아내가 떠나기로 고집한다면, 남편이 사랑으로 택할 수 있는 옳은 길은 하나뿐이다. 보내 주는 것이다.

우리를 도로 얻으시려는 하나님의 모든 노력에도 불구하고 우리가 그분을 떠나기로 고집한다면, 그분이 사랑으로 행하실 수 있는 옳은 일은 우리를 놓아주시는 것뿐이다. 생명의 근원이신 그분이 놓으시면 우리는 죽는다.

하나님이 우리를 놓으시고 내버려 두어 선택의 결과를 거두게 하심을 가리켜 성경은 그분의 진노라 표현한다. 로마서 1장에 바울은 하나님의 진노가 "그들을 … 내버려 두"신다고 세 번이나 말했다(롬 1:24, 26, 28). 이 가능성을 처음 생각하던 때는 나도 받아들이기가 몹시 힘들었다. 하나님이 언젠가는 힘으로 벌하고 멸하신다고 평생 배웠기 때문이다. 노아 홍수, 소돔과 고모라, 이집트 장자들의 죽음 등 구약의 많은 사건이 내게 하나님이 벌하신다는 개념을 뒷받침해 주었었다. 영원한 지옥에 대한 대중화된 교리도 하나님이 영원히 벌하신다고 가르친다.

하지만 그때 나는 하나님이 아담과 하와에게 실제로 하신 말씀을 이해하지 못했다. "네가 동산 중앙에 있는 나무의 열매를 먹으면 반드시 죽으리라"(참조 창 2:17). 다시 말해서 이런 말씀과 같다. "네가 불순종하면 그 행동이 너를 아주 변화시켜 죽음을 낳을 것이다. 네가 나를 떠나기로 고집하면 나는 너를 놓아줄 것이다. 그런데 내가 네 생명의 근원이므로 너는 나와 분리되면 죽는다. 내 법인 사랑과 자유를 어기면 당연한 결과는 자멸이다."

내가 망각했던 사실이 또 있었다. 하나님이 아담과 하와에게 말씀하신 죽음은 죄의 삯이며 하나님과 분리된 결과인데, 역사상 그 죽음—죄인의 죽음—을 당한 사람은 예수 한 분 뿐이다. 그전에는 노아 홍수, 소돔과 고모라, 이집트의 장자들도 다 그런 사례인 줄로 알았으나 그들의 죽음은 거기에 해당하지 않는다. 그들은 다 생명의 부활로든 심판의 부활로든 장차 어느 날 부활할 것이기 때문이다(요 5:28~29, 계 20:4~6).

나는 십자가를 보며 그리스도께 벌어진 일을 깨달아야 했다. 죄를 알지도 못하신 그분을 하나님이 죄로 삼아 어떻게 대하셨는지 보아야 했다(참조 고후 5:21). 십자가에서 하나님은 아들 예수를 회개하지 않는 구제 불능의 죄인으로 대하셨다.

그리스도는 회개하지 않는 무리가 결국 최후의 심판 때 당할 운명을 십자가에서 죄인을 대신해 아버지께 당하셨다. 하나님은 십자가에서 아들에게 어떻게 하셨던가? 그리스도는 뭐라고 호소하셨던가? "나의 하나님, 나의 하나님, 어찌하여 내게 고통을 가하시고 때리시고 하늘에서 불을 내리시나이까"라고 하셨던가? 아니다! "나의 하나님, 나의 하나님, 어찌하여 나를 버리시고 놓으시고 내버려 두시나이까"라고 하셨다(참조 마 27:46, 롬 4:25).

사랑의 하나님은 그분과 분리되기를 자청하는 사람을 결국 놓아주신다. 증거로도 뒷받침될 뿐 아니라 그렇게 믿는 게 지극히 합리적이다. 그분이 그들을 놓아주심은 그들이 너무 오랫동안 반항을 고집해 구제 불능이 되었기 때문이다. 그들은 진리에 반응하는 정신 기능을 활용하지 않고 썩혀두어 자멸을 초래했다. 하나님의 분노와 복수의 피해자가 아니다. 그분이 영원토록 고통을 가하시는 게 아니다.

사탄의 일대 사기극

사탄은 어찌나 그럴싸한 거짓말쟁이인지 이 문제에서 기독교 전반을 상대로 일대 사기극을 자행했다. 이사야 33장 14절에 이런 말씀이 나온다. "시온의 죄인들이 두려워하며 경건하지 아니한 자들이 떨며 이르기를 '우리 중에 누가 삼키는 불과 함께 거하겠으며 우리 중에 누가 영영히 타는 것과 함께 거하리요' 하도다." 많은 그리스도인이 이 본문을 지옥에 대한 말씀이라 단정한다.

그러나 실제로 그곳에 거할 사람들이 성경에 누구라고 되어 있는가? 다음 구절에 "오직 공의롭게 행하는 자, 정직히 말하는 자, 토색한 재물을 가증히 여기는 자, 손을 흔들어 뇌물을 받지 아니하는 자, 귀를 막아 피 흘리려는 꾀를 듣지 아니하는 자, 눈을 감아 악을 보지 아니하는 자"(사 33:15)라고 답이 나와 있다.

이 본문을 그냥 '믿음으로' 받아야 할까? "하나님이 말씀하셨으니 그대로 믿으면 그만이다"인가? 아니면 몇 가지 질문을 던져야 할까? 창세기부터 시작해서 성경 전체를 두루 살펴보면 더없이 흥미로운 사실이 눈에 띈다. 출애굽기 3장에서 하나님이 떨기나무 가운데서 모세에게 말씀하실 때 그 나무에 불이 붙어 있었다. 출애굽기 24장 16절에서 그분이 시내산에 임하셨을 때도 주님의 영광은 "맹렬한 불" 같았다 (출 24:17).

역대하 5장 13~14절에 보면 솔로몬 성전이 봉헌될 때 하나님이 임하시자 그분의 영광이 눈부셔서 제사장들이 성전에 들어갈 수 없었다. 에스겔 28장에 선포된 대로 루시퍼는 타락하기 전에 하나님의 임재로 불타는 돌들 사이를 왕래했다(14절).

데살로니가후서 1장에 보면 그리스도께서 재림하실 때 불꽃이 악인을 소멸한다고 했다. 디모데전서 6장 16절에 묘사된 하나님은 가까이 가지 못할 빛에 거하시는 분이다. 히브리서 12장 29절에는 "우리 하나님은 소멸하는 불이심이라"라고 밝혀져 있다. 요한계시록 21장 23절에 따르면 새 하늘과 새 땅에는 땅을 비출 해와 달이 필요 없으니 이는 하나님의 임재가 곧 빛이기 때문이다. 이상의 모든 말씀은 무슨 뜻인가?

사탄은 삼키는 불로 영영히 타는 곳이야말로 우리가 가고 싶지도 않고 있고 싶지도 않은 곳이라고 희대의 사기를 쳤다. 절대다수의 그리스도인이 이 거짓말을 받아들였다. 그러나 그곳이야말로 하나님의 임재 자체다. 의인은 하나님의 영광을 흠뻑 쬐지만, 악인은 거기에 해를 입는다.

생명을 주는 하나님의 영광은 그분께 조화되지 않는 사람을 모두 소멸하고 그분께 조화되는 사람을 모두 치유한다. 생명을 주는 이 영광은 의인을 변화시킨다. 모세도 산에서 하나님의 임재 안에 있을 때 변화되었다. 시내산에서 내려온 그가 어찌나 하나님의 영광으로 광채를 발하던지 이스라엘 백성은 차마 그를 볼 수 없어 수건으로 가려 달라고 했다(출 34:35).

그리스도께서도 십자가를 지시기 전에 동일한 실재를 예증하셨다. 십자가를 향해 가시는 길에 그분은 파멸의 출처가 불이 아님을 보여 주셨다. 변화산에서 그분은 영영이 타는 삼키는 불 사이로 다니셨다. 거기서 하나님의 불타는 영광이 그리스도를 에워쌌다. 그런데 어떻게 되었는가? 불이 그리스도를 태웠는가? 그분을 해쳤는가? 아니다! 그리스도는 죄가 없으시므로 불이 그분께 무해했다. 그분이 보여 주셨듯이 이 불은 파괴하지 않는다. 파멸을 부르는 것은 죄다. 죄가 죄인을 소멸한다.

성경에 제시된 진리는 단순하다. 하나님은 만인에게 자유 의지를 주신다. 우리가 일부러 그분의 방법을 거부하면 서서히 논리력이 파괴되고 양심이 무디어지고 스스로 결정하는 능력을 잃는다. 진리와 사랑과 개방과 자유의 방법 대신 이기심과 무력과 착취와 기만과 은폐의 방법을 선호하게 된다. 그 과정에서 완전히 하나님과의 조화를 잃어 그분의 임재가 곧 우리를 삼키는 불이 된다. 그러나 그분과 협력해 내면에 그분의 형상이 회복된—다시 사랑과 진리와 개방과 자유의 원리대로 살아가는—사람은 그분의 임재로 말미암아 변화되어 생명을 주는 그분의 영광 가운데 영원히 산다. 바로 삼키는 불로 영영히 타는 곳이다.

하나님은 우리가 증거에 기초해 믿기를 원하신다

상호 배타적이고 이성과 양심의 파괴를 조장하는 신념을 기독교에서 많이 볼 수 있다. 하나님은 그분이 주신 충분한 증거, 이성으로 이해되는 증거가 없는 한 우리가 그 무엇도 받아들이기를 원하지 않으신다. 증거 없이 믿기란 불합리한 일이어서 이성을 몰아낸 후에만 가능하다.

그러나 이성과 양심을 파괴하는 방법이 비단 상호 배타적인 신념만은 아니다. 사탄의 가장 큰 쾌거 중 하나는 그리스도인 전반을 꾀어, 이성을 몰아내는 활동을 미덕이라 가르치게 만든 것이다. 그런 사건을 가까이서 직접 경험할 기회가 내게 있었다.

사흘 동안의 혼란

몇 년 전에 나는 개신교의 어느 초교파 단체에서 후원하는 주말 세미나에 참석하라는 초대장을 받았다. 내가 참석을 고려한 이유는 순전히 후원자 중 몇 사람이 내 친한 친구였기 때문이다.

세미나에 동원된 방법을 말하기에 앞서 미리 밝혀 두거니와 나는 세미나 운영진도 자신들이 왜 그랬는지 잘 몰랐다고 본다. 현지 주최 측은 진실한 그리스도인 단체로 친절하고 정중하고 열정적이고 우호적이었다. 다만 세미나 절차를 직접 정하지 않고 상부 기관에서 정한 지침을 그냥 따랐다. 그래서 나는 그들이 그런 식의 운영에 담긴 의미를 깊이 생각할 기회가 없었다고 본다.

확신컨대 모든 임원이 그 주말에 진심으로 예수 그리스도를 높이려고 일했다. 하지만 진심만으로 늘 충분한 건 아니다.

다소의 사울도 다메섹 도상의 체험이 있기 전에는 진심으로 개종자들을 유대교로 다시 전향시키려 했다. 하지만 그가 동원한 방법은 무력과 위협이었다. 그런 그가 다메섹 도상에서 그리스도를 만난 뒤로 그분을 전도할 때는 종교 문제에 대한 자신의 의견을 로마서 14장에 이렇게 밝혔다. "각각 자기 마음으로 확정할지니라"(롬 14:5). 사랑으로 진리를 말한 뒤 사람들 스스로 결론에 이르도록 자유롭게 두는 게 하나님의 방법임을 바울은 배웠다. 사고해 선택할 개인의 자유를 침해한다면 어떤 방법이든 결국 하나님을 대적한다. 얼마나 진심으로 그 방법을 쓰는지는 중요하지 않다.

세미나의 공식 취지는 하나님과의 관계 및 동행을 강화하고 그리스도인 형제 사이에 연합을 도모하는 데 있었다. 그런 목표라면 나도 얼마든지 지지한다. 그러나 집회가 시작되기도 전부터 우려하는 마음이 싹텄다. 구체적인 일정을 문의했더니 애매한 답만 돌아왔다. 두고 보면 알 테니 묻지 말라고 했다.

그런 회피성 대응이 오히려 걱정을 불러일으켰다. 내가 아는 하나님은 열린 통치로 운영하시는 분이기 때문이다. 욥기 첫 장에서 온 우주가 지켜보는 가운데 임무를 수행하신 하나님이 기억났다. 예수가 재판받으실 때 대제사장이 그분의 사역에 대해 묻자 산헤드린 앞에 이렇게 답하신 일도 떠올랐다. "내가 드러내 놓고 세상에 말하였노라. 모든 유대인들이 모이는 회당과 성전에서 항상 가르쳤고 은밀하게는 아무 것도 말하지 아니하였거늘"(요 18:20).

나는 하나님이 개방과 질문을 장려하시는 분임을 알았다. 진리가 우리 편이면 전혀 숨길 게 없기 때문이다. 또 사탄이 은폐와 회피를 일삼음도 알았다. 그에게는 진리가 없으므로 최대한 숨겨야 한다.

다행히 세미나에 관여한 내 친구들과 지인들은 다 선하고 기품 있고 사랑이 많은 사람인지라 나는 그들에게 나쁜 동기가 없다고 확신했다. 그래서 은폐에 대한 우려를 털어 버리고 그냥 참석하기로 했다.

이 세미나에는 여러 시시콜콜한 규정이 매우 엄격히 시행되었다. 어느 주말에는 남자들만 몰래 데려갔고 다음 주말은 여자들 차례였다. 참석자들은 버스를 타고 100km쯤 떨어진 어느 오지의 폐교로 갔다. 그런 집회에 쓰이는 장소였다. 자기 차를 타고 가거나 휴대전화나 호출기를 가져가서는 안 되었다.

도착한 후에는 손목시계까지 제출해야 했다. 이어 촘촘히 짜인 일과에 따라 일정한 과제를 완수해 명시된 기준을 통과해야 했다. 아무나 둘씩 짝지어 기도하는 숙제도 엄격한 그룹 활동의 일부였다. 그뿐 아니라 참석자에게 배부된 안내서에 여러 글귀와 성경 구절과 기도문이 명시되어 있어 누구나 집회 때마다 미리 암송해야 했다.

식사 시간과 취침도 규제되었다. 시계가 없다 보니 많은 사람이 금세 시간 감각을 잃었고 생체 시계마저 곧 엉망이 되었다. 개인 공간도 허용되지 않아 참석자들은 막사 식으로 한 방에 20명씩 자면서 화장실을 함께 썼다. 세미나 운영진은 누구도 혼자 있지 못하게 했고 개인 공부와 묵상 시간을 허용하지 않았다.

주최 측은 모든 사람을 지정된 그룹으로 나누어 8~10명이 앉을 수 있는 탁자에 배정했다. 조원들은 같은 탁자의 전원이 동료 참석자인 줄로 알았으나 탁자당 두 명씩은 신원을 숨긴 간사였다. 간사들은 대화의 흐름을 주최 측에서 정해 놓은 최선의 방향으로 애써 유도했다. 참석자들끼리 토의하는 줄로 알았으나 사실은 간사와의 대화였다.

운영진은 비밀 간사들에게 "누가 혹시 간사냐고 묻거든 거짓말하지는 마십시오"라고 말해 교묘한 속임수를 정당화했다. 하지만 각방으로 노력해 간사를 정말 참석자처럼 보이게 만들었다. 아예 누구도 문제를 제기하지 못하도록 말이다.

이처럼 간사를 참석자로 둔갑시킨 결과로 거짓에 기초한 신뢰가 구축되었고, 참석자들은 비밀 요원의 제안에 영향 받기 쉬운 약자의 입장에 놓였다. 주최 측에서 이런 상황을 꾸며낸 목적은 개개인의 잠재적 저항을 차단하고 소위 신뢰의 반경 내에서 신념을 주입하기 위해서였다.

설교식의 강연도 주최 측의 의도를 한층 더 가려 주었다. 내용이 아주 영적이고 성경에 기초했으나 지적인 도전은 없었다. 교리와 가르침을 검토해 잠재적 위험을 살피는 데 익숙해 있던 내게는 이런 환경 전체가 당황스럽게 느껴졌다. 그런데 막상 그 수련회의 강연 내용을 뜯어보면 비판할 게 별로 없었다.

간증과 짤막한 설교는 대체로 꽤 고무적이고 감동적이었는데, 나는 거기에 집중하느라 전체 과정을 더 똑똑히 보지 못했다. 사실 방법이 어찌나 교묘했던지 나도 몇 년의 공부와 성찰 후에야 그때 동원된 해로운 방법을 식별할 수 있었다.

혼란을 가중하고 주의를 흩뜨리는 일은 또 있었다. 운영진은 주말 내내 온갖 선물 공세를 폈다. 음식물과 카드와 편지는 물론이고 비둘기와 못과 십자가처럼 그리스도의 사랑을 상징하는 물건도 많았다. 그렇게 끝도 없다 싶을 만큼 우리에게 선물을 쏟아내면서 그들은 이게 하나님의 끝없는 사랑을 예시해 준다고 설명했다.

그러나 더 통찰하면서 내게 환기된 사실이 있다. 하나님은 피상적 친절과 허울 좋은 선물의 탈을 쓴 은폐, 오도, 위장, 통제 등의 방법을 동원하지 않으신다.

그 수련회는 개인에게 극도의 집단적 압력을 행사해 본인의 동의 없이 동조를 끌어내려고 기획된 행사였다. 일례로 운영진은 누구에게도 일정을 알려 주지 않았다. 순서마다 그때 가 봐야 알았다. 누구도 자신이 참여하고 싶은 활동인지 생각할 기회조차 없이 어느새 그 한복판에 놓여 있었다. 그때는 이미 늦어 빠져나오기가 힘들었다. 이목을 끌고 지장을 초래할 테니 말이다. 집단적 압력으로 동조가 확보되었다. 행여 누가 순서를 하나라도 빼먹을라치면 간사 두세 명이 따라붙어 설득해 복귀시켰다. 주최 측은 무슨 수를 써서라도 참석자를 혼자 있지 못하게 막았다.

그 경험을 되돌아보며 깨닫거니와 이런 방법은 사이비 종교 단체들이 개인의 생각을 억제하고 집단적 동조를 주입하기 위해 쓰는 방법과 비슷하다. 개인의 정체를 허물고 이성과 양심을 억압하려고 고안된 방법이다. 이런 단체들은 개인의 사고와 선택권을 집단에 양도하도록 종용한다. 개인은 집단이 시키는 대로만 하면 된다는 것이다. 아무리 그리스도를 닮은 듯 보이고 아무리 주최 측의 진심이라 해도 이는 파멸을 부른다. 다시 다메섹 도상 이전의 사울이 생각난다. 그는 진심으로 하나님을 기쁘시게 하고 싶었지만, 사실은 사탄의 방법으로 그리스도를 박해했다. 나중에 방법이 바뀌고 나서야 바울은 하나님의 일에 귀하게 쓰임 받았다.

세미나 참석자들은 끊임없이 결정을 내려야 할 상황에 부딪쳤는데 옳고 그름에 관계된 일은 하나도 없었다. 그룹에 계속 받아들여질 행동과 거부당할 행동 중에서 택해야 하는 결정이 대부분이었다.

행사의 마지막 순서로 모두 황급히 실내로 인솔되었다. 우르르 가 보니 같은 세미나의 이전 수료생들로 초만원이었다. 참석자 전원이 차례로 청중 앞에 나가 이번 행사에 대한 소감을 밝혀야 한다고 했다. 사양할 기회는 주어지지 않았다. 상당한 소란을 자초하지 않고는 공개 간증을 피할 수 없는 상황이었다.

게다가 청중 수백 명이 기대하는 소위 바람직한 간증이 확실히 정해져 있어, 강요와 위협 없이 자유롭게 생각을 밝히기란 그만큼 더 요원했다.

자유의 법칙이 위반되면 뻔한 결과로 반항심이 싹튼다. 그런데 세미나 참석자들은 전혀 적의나 분노를 보이지 않았다. 불화나 반항의 징후가 표면에 드러나지 않았다. 자유를 침해당했는데 왜 당연히 반항심이 들지 않았을까? 바로 여기가 기만이 극도로 교묘해져서 더욱더 위험해지는 부분이다.

내가 대화해 본 모든 참석자는 반항하고 저항하고 탈퇴하고 싶은 마음이 있었다. 남보다 유독 더 불편했던 사람들도 있지만, 분명히 모두 반항심을 느꼈다.

그런데 워낙 기독교적인 환경에 압도적으로 에워싸여 있다 보니 저항은 곧 성령께 대한 반항이라는 생각이 은연중에 참석자들에게 조장되었다. 물론 이는 진실과는 거리가 먼 정당화였다. 그들이 주말 세미나에 온 이유는 주님과의 관계를 가꾸고 싶어서였는데 정작 동원된 방법은 은폐와 기만과 통제와 집단적 압력이었다. 이런 수법에 대한 각 참석자의 반발심은 하나님이 주신 건강한 반응이다. 그런데 그런 방법이 하도 기독교의 옷을 잘 차려입고 있다 보니 그들도 정확히 무엇에 대한 저항인지 식별하기가 사실상 불가능했다. 하나님께 대한 반항이 아니라 해로운 방법에 대한 반항인데도 그 진상을 가려낼 수 없었고, 그 결과 모든 저항은 곧 하나님께 대한 저항이라는 기만에 넘어가고 말았다.

비밀 간사를 비롯한 전체 운영진이 이런 오도를 조장하고 부추긴 탓에 참석자들은 쉽게 설득되어, 자유 욕구를 억누르고 집단적 이상(理想)에 동조했다. 그래서 그 주말에 공공연한 반항은 하나도 없었다. 다만 개성이 서서히 침해당하면서 논리력과 사고력이 손상되었을 뿐이다.

행사 주최 측의 취지는 틀림없이 복음을 전파하고 그리스도인의 사랑을 증진하는 데 있었다. 그러나 주말 내내 기독교 음악과 기도와 성례와 간증이 가득했음에도 불구하고 그들은 성공하지 못했다. 은폐, 조종, 기만, 강요, 통제라는 방법을 썼기 때문이다.

하나님은 그런 방법을 쓰지 않으신다. 이게 그분에 대한 복음 곧 기뻔 소식이다. 그분의 방법인 개방과 진리와 사랑과 자유는 우리 내면에 하나님의 형상을 회복하고, 이성을 강화하고, 양심을 정화하고, 스스로 결정하는 능력을 길러 주고, 자유와 자율을 증대한다. 그러나 세미나 운영진이 따른 방법은 사고의 치유를 돕기는커녕 불행히도 내면에 있는 하나님의 형상을 더 파괴하는 결과를 낳았다. 개인의 자유를 침해하고 개인의 정체를 교묘히 허물었기 때문이다.

상징에는 의미가 있다

지성적 존재인 인간이 어떻게 상호 배타적인 신념을 품을 수 있을까? 사탄은 사람을 꾀어 상징과 은유의 속뜻을 알아보기보다는 상징과 은유 자체를 실체로 받아들이게 하는 전략을 쓴다.

기독교에 가득한 상징과 난해한 어휘는 이치에 맞지 않는 신념을 받아들이게 하는 데 한몫한다. '칭의'라는 단어를 생각해 보라. 목사에게 그게 무슨 뜻이냐고 물어보라. 아마 이런 설명이 나올 것이다.

"인류는 죄를 지어 하나님의 법대로 정죄 당했다. 하나님의 법을 어긴 대가는 죽음의 벌이다. 그러나 하나님은 우리를 극진히 사랑하시기에 우리가 죽기를 원하지 않으셨고, 그래서 자기 아들을 보내 피 흘려 그 대가를 치르게 하셨다. 그리스도께서 대신 피 흘려 치러 주신 대가를 받아들이는 사람은 하나님께 칭의를 얻는다. 즉 그분께 받아들여진다. 피로 씻음 받아 죄가 사해진다. 자신의 행위가 아니라 대가를 치르신 그리스도의 공로에 의지해 그렇게 된다."

칭의(justification)란 정말 그런 뜻일까? 문서작성 프로그램의 문단 모양 메뉴에 정렬방식이라는 항목이 있다. 거기서 양 끝 정렬(justify)을 선택하면 어떻게 될까? 양쪽 다 여백이 일직선으로 가지런해진다. 부조화와 무질서는 다 조화와 질서를 이루고, 들쭉날쭉한 선은 다 곧아지고, 잘못은 다 바로잡힌다. 죄 많은 이 세상에서, 무질서해 질서가 회복되어야 할 것은 무엇이며 바로잡혀야 할 잘못은 무엇일까?

아담이 죄지은 뒤로 하나님이 조금이라도 변하셨는가? 그래서 이제 그분이 고침을 받으셔야 하는가? 말도 안 된다. 하나님은 어제나 오늘이나 내일이나 동일하시다. 그런데도 그리스도께서 하나님을 달래려고 죽으셔야 하는가? 우리를 향한 아버지의 태도를 변화시켜 용서와 사면을 얻어내셔야 하는가? 그렇지 않다! "하나님이 세상을 이처럼 사랑하사 독생자를 주셨으니"(요 3:16). "하나님께서 그리스도 안에 계시사 세상을 자기와 화목하게 하시며"(고후 5:19). "만일 하나님이 우리를 위하시면 누가 우리를 대적하리요"(롬 8:31). 그리스도는 "나를 본 자는 아버지를 보았거늘"(요 14:9)이라고 말씀하셨다. 그분은 아버지의 "본체의 형상"(히 1:3)이시다. 하나님 쪽에는 한시도 문제가 없었다. 그분은 언제나 우리 편이셨다.

아담이 죄지은 뒤로 변한 쪽은 누구인가? 아담이다! 그의 사고가 더는 건강하게 작동하지 않았다. 하나님을 신뢰하지 않았고 그분의 통치 방법과 원리를 중시하지도 않았다. 이기적인 존재가 된 것이다.

바로잡히고 고쳐져야 할 것은 인간의 마음과 사고다. 칭의란 우리 마음과 사고를 하나님께 조화되게 회복해 사랑과 신뢰 쪽으로 되돌린다는 뜻이다. 그러려면 하나님에 대한 진리가 사랑으로 계시되어야만 한다. 그 진리를 저울질해 수용 여부를 자유롭게 결정하는 일은 각 개인의 책임이다.

이렇듯 기독교의 많은 상징이 오해되어 진리를 몰아내는 결과를 낳는다. 피로 씻음을 받거나 정결하게 된다는 의미를 생각해 보라. 적혈구가 정말 우리를 씻어 준다는 말인가? 그럴 리 없다. 그렇다면 이 은유는 무엇을 상징하는가?

성경에서 피는 생명을 상징한다(레 17:11). 그리스도의 삶(생명)은 하나님에 대한 진리를 계시하고 그분에 대한 사탄의 거짓말을 폭로한다. 이 진리를 깨닫고 받아들이는 사람은 하나님에 대한 왜곡과 오해를 씻음을 받아 사고가 정결해진다. 다시 그분을 신뢰하며 그분의 방법을 실천하기 시작한다.

피가 몸에서 하는 역할은 무엇인가? 생명(산소와 영양분)을 공급하고 사망(이산화탄소와 노폐물)을 제거한다. 그리스도의 삶과 죽음(그분의 피)을 통해 하나님에 대한 진리가 계시되었는데, 이 진리의 역할은 무엇인가? 역시 생명(진리)을 공급하고 사망(거짓)을 제거한다. 피로 씻음받는다는 말은 그리스도를 통해 계시된 진리로 말미암아 사고가 건강하게 회복된다는 뜻이다.

그 과정에 대한 통찰이 히브리서 2장 14절에 더 나온다.

"자녀들은 혈과 육에 속하였으매 그(그리스도)도 또한 같은 모양으로 혈과 육을 함께 지니심은 죽음을 통해 죽음의 세력을 잡은 자 곧 마귀를 멸하시며." 마귀가 죽음의 세력을 잡고 있음을 아는가? 그 세력이란 무엇일까?

그리스도께서 친히 말씀하신 요한복음 17장 3절에 답이 나온다. "영생은 곧 유일하신 참 하나님과 그가 보내신 자 예수 그리스도를 아는 것이니이다."

하나님을 아는 게 영생이라면 영원한 죽음은 무엇일까? 하나님을 모르는 것이다! 그렇다면 사탄의 세력은 무엇인가? 하나님에 대한 그의 거짓말이다. 그 거짓말을 믿는 사람은 하나님을 알 수 없다.

그리스도의 피는 그분의 삶과 죽음을 통해 계시된 진리를 상징하며, 이 진리가 사탄의 거짓말을 무너뜨린다. 진리는 우리를 자유롭게 한다. 우리 사고를 치유해 아버지와의 관계를 회복시킨다.

그밖에도 오해되는 어휘와 상징의 예가 기독교에 많이 있다. 당신에게 익숙한 예를 몇 가지 떠올려 그 참뜻을 찾아보라.

이성이 파괴되고 있다는 6가지 징후

이성을 몰아내는 요인은 많다. 이성이 본연의 역할을 빼앗길 때 나타나는 몇 가지 조짐을 살펴보자. 다음은 이성을 묵혀 둘 때 겉으로 드러나는 6가지 흔한 징후다.

1. 하나님이 말씀하셨으니 그대로 믿으면 그만이다

이성을 옆으로 밀쳐내 독자적 사고력을 잃었다는 증상을 많은 사람에게서 볼 수 있다. "하나님이 말씀하셨으니 그대로 믿으면 그만이다"라는 말을 당신도 들어 보았을 것이다. 듣기에 아주 영적이고 '사람이 보기에 바른' 길이지만, 사망의 길이다(잠 14:12). 이성을 몰아내서 진리를 인식할 능력을 손상하기 때문이다. 그러면 아무거나 다 믿을 수 있다.

하나님은 우리가 단지 그분이 말씀하셨다는 이유로 믿기를 원하실까? 아니면 진리가 그분 편에 있고 그 진리를 우리가 깨달았기 때문에 믿기를 더 바라실까? 주장이야 누구나 내세울 수 있지만, 진리는 하나님께만 있다. "하나님은 사랑이심이라"(요일 4:8)라고 선포한 성경 본문을 생각해 보라. 하나님이 사랑이심을 어떻게 아는가? 성경에 "하나님은 사랑이심이라"라고 적혀 있기 때문인가? 그 말 자체는 주장일 뿐이며, 사탄도 비슷한 방식으로 주장할 수 있다.

하나님이 사랑이심을 아는 길은 그분이 그렇게 말씀하셨다는 사실만이 아니라 친히 그 사랑을 보여 주신 증거 때문이다. 그분의 오래 참으시는 인내, 자비, 은혜, 피조물을 위한 부단한 공급 등을 예증해 주는 성경의 수많은 사건을 생각해 보라. 특히 하나님의 사랑을 보여 주는 압도적 증거의 절정은 그리스도께서 십자가에서 죽으신 일이다.

하나님은 선언이나 구호에 의존하실 필요가 없다. 증거가 그분 편이기 때문이다. 그러나 사탄에게는 증거가 없으므로 온갖 주장과 명제로 사람을 꾀려 한다.

빌 클린턴이 "나는 그 여자와 성관계를 하지 않았다"라고 국가 앞에 선언하던 때가 기억나는가? 그러나 모니카 르윈스키가 옷을 증거로 내놓아 DNA 검사를 해 보니 진실이 밝혀졌다. 사탄에게는 진리가 없다. 그래서 사탄은 그리스도인이 증거 없이 주장에만 기초한 방법을 쓰면 아주 좋아한다. 그러면 우리가 속을 수밖에 없기 때문이다.

주님은 우리가 단지 그분의 주장에만 근거해 믿기를 바라지 않으신다. 그리스도께서 부활하신 후에 두 사람이 엠마오 길을 걷고 있었는데 제3의 인물이 합류했다. 지금 우리는 그분이 그리스도임을 알지만,

그들은 알아보지 못했다.

십자가 사건에 낙심한 두 제자는 그분이 부활하셨음을 아직 몰랐다. 그리스도는 이 상황을 어떻게 처리하셨던가? 신기한 권능으로 자신의 정체를 입증하며 "부활하신 구주인 나니라. 나를 믿으라"라고 선포하실 수도 있었다. 그런데 그분은 구약 성경의 증거를 쭉 훑어가며 자신의 삶에 대해 예언된 사건들을 보여 주셨다. 성경의 충분한 증거로 그들이 확신에 이르자 그제서야 자신의 정체를 드러내셨다.

하나님은 우리가 무엇이든 자체적 선언과 주장에 근거해 믿기를 바라지 않으신다. 증거 때문에 진리를 믿기를 원하신다. 이사야서에 하나님은 "오라, 우리가 서로 변론하자. 너희의 죄가 주홍 같을지라도 눈과 같이 희어질 것이요 진홍 같이 붉을지라도 양털 같이 희게 되리라"(사 1:18)라고 말씀하신다. 논리적 증거를 도출해 스스로 진리를 깨달으면, 그 과정에서 사고 속의 거짓이 축출되어 우리는 다시 그리스도를 닮은 모습으로 변화된다. 아무 말이나 무턱대고 믿어서는 그렇게 될 수 없다. 증거 없는 주장을 받아들이면 이성이 파괴되고 사고가 둔해진다. 남의 그림자가 되어 생각 없이 살아가게 된다.

2. 엄마가 이대로 족하다면

이는 사랑하거나 신뢰하는 대상의 말에 근거해 믿는 행위로, 불행히도 기독교에 아주 흔한 현상이다. 근래에 성공회는 지옥에 대한 공식 교리를 개정했다. 전통적으로는 지옥을 영원히 불타며 고통당하는 곳으로 믿었으나 이번에 견해를 바꾸었다. 이제 성공회는 영원한 고통의 교리가 하나님을 '가학적 괴물'로 둔갑시킨다는 논지에서, 결국 악인은 완전히 소멸된다고 가르친다.*

　영원한 고통을 믿는 사람에게 성공회 교인이 지옥의 문제를 제기한다고 상상해 보라. 영원한 고통의 개념을 신봉하는 쪽에서 "부모님이 그렇게 믿으니 나도 영원히 불타는 지옥을 믿는다"라고 답한다면 이는 독자적 사고인가? 이런 반응으로 보아 그는 이성을 구사하고 있는가, 아니면 이성을 몰아내고 있는가? 또는 "우리 목사님이 그러던데"라든가 "평생 그렇게 믿었으니 이제 와서 바꿀 생각은 없다"라고 말한다면 어떨까? 이런 반응은 이성이 옆으로 밀려났다는 증거다. 어떤 진리도 더 추가되지 못하게 사고가 닫혀 있는 사람이다.

3. 그렇게 많은 사람이 틀렸을 리는 없다

　이성이 배제되어 있다는 표시로 내가 제일 좋아하는 반응 중에 "대다수 교회가 이렇게 가르친다. 그렇게 많은 사람이 틀렸을 리는 없다"라는 말이 있다. 하지만 이런 논리로 이성을 배제하는 사람이 망각하는 사실이 있다. 노아 시대와 예수 시대에도 대다수 사람이 틀렸다. 다수결이 반드시 진리를 의미하지는 않는다.

---

* *The Mystery of Salvation: The Story of God's Gifts. A Report by the Doctrine Commission of the Church of England* (London: Church House Publishing, 1995), p. 197.

4. 질문의 거부와 분노

애석하게도 이성이 마비되었다는 또 다른 확실한 증거는 자신의 신념에 대한 질문에 분노로 반응하는 사람이다. 진리는 심사에 거뜬히 통과하므로 진리를 소유한 사람은 의문이 제기되어도 위협받지 않는다. 그러나 오류에 기초한 입장은 심사를 거치면 무너진다. 그래서 자신의 신념의 정당성을 확신하지 못하는 사람은 어떻게든 성찰을 피한다. 질문의 거부와 분노는 이성이 잠자고 있다는 단골 징후다.

진리를 믿되 자신의 이성적 사고 때문이 아니라 남이 시켜서 믿는 사람도 여기에 해당한다. 그런 사람은 의문이 제기되면 분노를 느낀다. 스스로 그 문제를 깊이 생각해 본 적이 없어 자기가 무슨 증거와 논리적 근거로 그렇게 믿는지를 모르기 때문이다. 역시 이성이 휴면 상태다.

5. 맹신

이치에 맞지 않거나 자신에게 증거가 없는 내용에 대해 누가 물으면 "나는 그냥 믿음으로 받아들인다"고 답하는 사람이 많다. 그러나 믿음을 다룬 9장에 보았듯이 참 믿음은 증거에 기초한다. 따라서 증거를 더 찾지 않으려는 회피의 입장을 결코 취하지 않는다. 사탄의 모조품만이 증거 없는 수용을 요구한다. 증거를 찾아내면 거짓 신념이 와해됨을 사탄이 알기 때문이다.

6. 사탄의 가장 큰 쾌거: 심령술

내면에 있는 하나님의 형상을 실제로 서서히 잠식하는 방법들이 있다. 사탄은 그리스도인이 그런 방법을 퍼뜨리면 쾌재를 부른다. 불행히도 이런 해로운 방법이 기독교계에 너무 많이 들어와 있다.

기독교 내에서 사탄의 가장 큰 쾌거는 아마 심령술을 도입한 일일 것이다. 9장 끝에서 보았듯이 심령술은 이성을 구사하거나 증거를 조사하지 않고 지식을 얻으려는 시도다.

일부 기독교 진영에 이 기만이 만연해 있다. 심지어 면밀히 검토해야 할 성경을 초자연적 체험으로 대체하는 사람도 많다. 믿음의 기초를 그들은 이성으로 이해한 진리에 두지 않고 변덕스러운 감정에 둔다. 이보다 더 위험한 조합은 없다. 하나님이 설계하신 사고 위계를 그야말로 완전히 뒤집는 일이다. 이제 격렬한 감정이 증거의 역할을 맡고 이성은 마비된다. 성령의 역사란 이해될 수 없는 것이며 그냥 믿음으로 받아야 한다는 기만 때문이다.

일부 진영에서는 성령께서 사람을 감화해 바닥을 데굴데굴 구르거나 주체할 수 없이 웃게 하신다고 믿는다. 그러나 성경에 틀림없이 나와 있듯이 성령의 열매에는 "사랑과 희락과 화평과 오래 참음과 자비와 양선과 충성과 온유와 절제"가 포함된다(갈 5:22~23).

성령께서 우리 삶을 온전히 주관하시면 우리는 절제를 잃는 게 아니라 점점 더 절제가 깊어진다. 하나님의 형상대로 창조된 존재를 이성 없는 짐승으로 전락시켜 사고력을 잃은 채 물고기처럼 파닥이며 바닥을 맴돌게 하려는 건 사탄의 영이다.

하지만 그런 체험을 하면 대개 기분이 황홀해지므로 그들은 이를 성령의 인도하심으로 받아들일 때가 많다. 그런 활동에 관여된 사람들이 다시 이성을 구사해 야고보서 1장 14절 말씀을 떠올릴 수만 있다면 얼마나 좋을까. 거기 지적되어 있듯이 우리를 시험하는 것은 자기 욕심, 즉 감정이다. 우리가 기분과 무관하게 진리를 중시하기만 한다면 하나님은 목표대로 우리 내면에 그분의 형상을 재창조하실 수 있다. 우리가 하기 나름이다.

15

그림자 탈출

크리스틸(Crystal)은 초록빛 눈이 크고 피부는 올리브색에 머리칼은 갈색이었다. 언뜻 최첨단 패션모델로 착각될 만큼 빼어난 미모였지만, 가까이에서 보면 어린아이처럼 불안하고 겁에 질려 보였다. 귀엽고 순진한 겉모습 속에 엄청난 상처와 고통을 숨긴 채, 사랑받고 받아들여지고 싶은 갈망을 무언으로 웅변하는 듯했다.

19세의 크리스틸은 키가 173cm인데 몸무게는 47kg도 되지 않았다. 자꾸만 체중이 줄어 담당 산부인과 의사가 내게 의뢰했다. 대화해 보니 자기가 뚱뚱하게 느껴져 추해 보인다고 했다. 그래서 추해 보이는 게 싫어 음식을 먹지 않았다.

크리스틸은 완벽을 요구하는 엄마 때문에 유년기가 힘들었다며 지금도 엄마의 기대에 절대로 부응할 수 없다고 했다. 엄마가 늘 비판적이라서 아무리 열심히 해도 엄마에게 인정받은 적이 없었다. 또 5세부터 14세까지 삼촌에게 성폭행을 당했지만, 남들이 어떻게 볼까 두려워 아무에게도 말하지 못했다고 했다.

열여섯 살 때쯤부터 그녀는 자신의 삶을 통제하려고 다이어트를 시작했다. 부모와의 교류에서도 식생활이 초점이 되었다. 특히 억지로라도 더 먹이려는 엄마와 늘 실랑이가 끊이지 않았다.

딸이 순순히 응하지 않자 엄마는 이런 말로 비판했다.

"먹든 말든 네 마음대로 해라. 네가 살든 죽든 난 상관 안 한다."

크리스털은 엄마한테 거부당한 기분에 상처가 깊으면서도 계속 엄마의 칭찬과 인정과 수용을 받아내려 애썼다.

엄마 눈에 어떻게 비칠지가 초미의 관심사였기에 엄청난 시간과 노력을 들여 엄마의 비위를 맞추려 했다. 엄마가 죄책감 유발과 조롱으로 자기를 조종함을 알면서도 크리스털은 엄마의 치마폭을 벗어난다고 생각하면 무서웠다. 그래서 웬만한 결정은 다 엄마에게 맡겼고 거의 모든 주제에 대해 엄마의 견해를 받아들였다. 엄마에게 대놓고 이의를 제기한 적이 한 번도 없었다. 이제 크리스털은 엄마의 그림자에 지나지 않았으나 속으로는 자기 자신이 되고 싶었다.

상담 기간에도 체중은 계속 줄어 42kg으로 떨어졌다. 월경이 멎었고 가끔 실신하기도 했다. 여러 신체 기관의 부전을 예방하고자 세 차례나 입원해야 했다. 크리스털은 그야말로 생사를 다투고 있었다.

그녀의 많은 비합리적이고 비논리적인 신념은 망상에 가까웠다. 예컨대 몸무게가 42kg밖에 안 되는데도 자신이 뚱뚱하다고 믿었다. 또 엄마에게 한 번도 인정받지 못한 게 자신이 못나서라고 생각했다. 그래서 늘 자책에 시달렸고, 그럴수록 자신이 못났다는 잘못된 신념이 더 가중될 뿐이었다.

수차례의 면담 끝에 나는 그녀의 상황에 대해 몇 가지 결론을 도출했다. 분명히 문제의 근원은 크리스털이 자신의 이성을 몰아내 무시하고, 뒤틀어진 양심으로 늘 자신에게 부당한 죄책감을 퍼부으며, 거짓된 신념 체계를 받아들인 데 있었다. 계속 부정적 감정에 지배당하고 남의 의견에 완전히 좌우되다 보니 그런 신념이 더욱 굳어졌다. 그녀는 적절한 위계질서대로 사고의 균형을 이루는 법을 배운 적이 없었다.

병세가 워낙 심했으므로 정신치료의 효과를 극대화하려면 몇 가지 약으로 그녀의 생리적 상태를 안정시켜야 했다. 치료의 구심점은 이성을 강화해 회복하고 양심을 정화하는 데 있었다. 이 두 정신 기능을 그녀의 사고를 통치할 주역으로 세워야 했다. 진실과 증거에 비추어 자신의 감정을 평가하고, 기분과 무관하게 진실을 중시하는 법을 배우는 게 아주 중요했다. 쉬운 일이 아니었다.

결국, 크리스털은 자신이 뚱뚱하게 느껴짐에도 불구하고 그런 시각을 뒷받침해 줄 증거가 없음을 인정했다. 오히려 증거는 정반대여서 자신의 체중이 심각하게 표준에 미달됨을 인정했다.

체중과 관련된 증거를 인정했다 해서 자신이 뚱뚱하다는 느낌까지 사라진 건 아니다. 하지만 이를 통해 그녀는 뚱뚱하다는 느낌이 객관적 과체중에서 비롯된 게 아니라 다른 무엇과 연관되어 있음을 깨달았다.

알고 보니 뚱뚱하다는 느낌은 곧 추하다는 느낌의 위장이었다. 그때부터 그녀는 추하다는 느낌의 출처를 이성으로 탐색했고, 머잖아 엄마의 끊임없는 조롱과 삼촌의 성폭행이 그 뿌리로 밝혀졌다. 이어 그녀는 엄마의 추한 행동을 통해 추해진 쪽은 자신이 아니라 엄마라는 진실에 직면했다. 마찬가지로 삼촌에게 당한 성폭행도 그 자체가 추하고 역겨웠을 뿐이지 그녀 자신은 그렇지 않았다.

진실을 인식하고 적용할수록 기존의 왜곡과 잘못된 결론은 건강하고 정확한 이해에 서서히 밀려났다. 진리가 그녀를 자유롭게 하고 있었다. 상황을 보는 관점이 더 명료해지면서 그녀는 남들도 오류를 범할 수 있음을 보았고, 남들의 견해보다 진실을 더 중시하기 시작했다. 덕분에 더 자율적으로 의지를 구사할 수 있게 되었다.

그러나 크리스털의 문제는 비단 혼자만의 문제가 아니었다. 건강과 자율을 되찾고자 애쓰는 과정에서 그녀는 집에서 저항에 부딪쳤다. 자신의 모든 행동을 계속 엄마가 지시한다는 것이었다. 복장이나 활동이나 심지어 대학에서 수강할 과목도 그녀 스스로 선택할 자유가 없었다.

나와 함께 자유의 원리를 탐색한 뒤로 그녀는 자신의 개성과 자유가 끊임없이 엄마에게 공격받고 있음을 깨달았다. 엄마의 지배에 굴한 결과로 자존감을 잃고 엄마를 향한 원한이 싹텄음도 알게 되었다. 그녀는 엄마의 그림자가 되어 있는 자신을 보았다. 더 중요하게, 이제라도 조치를 하지 않으면 영영 자기 자신이 되지 못할 수도 있음을 깨달았다.

우리가 그녀의 부모를 가족 치료에 동참하도록 청하자 아빠는 의향을 보였으나 엄마는 거부했다. 크리스털은 스스로 생각할 줄 아는 게 중요함을 깨달았으므로 작게나마 개성을 구사하기 시작했다. 우선 엄마가 골라 주지 않은 셔츠를 선택해 입었다. 그러자 엄마는 고분고분하지 않게 대든다며 딸을 비난했다. 딸에게 실망했다는 말도 했다.

크리스털이 보기에 고집을 피우는 쪽은 엄마였다. 그래서 부모 집에서 독립해 친구와 함께 살기로 했다. 엄마는 하나도 도와줄 수 없다고 했다.

이삿날이 되자 아빠는 딸을 포옹하며 사랑한다는 말로 작별했으나 엄마는 방에서 나오지도 않고 인사조차 없었다. 크리스틸은 자기가 무슨 큰 잘못이라도 저지르는 듯한 기분이 들었으나 용케 이성으로 사실을 검토해 보았다. 그러자 자신의 행동은 건강한데 엄마가 부적절하게 대응하고 있다는 결론이 나왔다. 또다시 죄책감 유발로 자신을 통제하려는 엄마가 보였다. 그래서 그녀는 엄마 마음대로 심통을 부릴 자유를 주기로 했다.

크리스틸이 큰 진보를 이루었음이 그 사건을 통해 확인되었다. 자신을 대하는 엄마의 방식이 달갑지는 않았으나 그녀는 그런 감정을 견뎌낼 수 있었고, 감정이 아니라 진실에 기초한 행동을 의지적으로 선택했다.

여러 달에 걸쳐 크리스틸은 계속 독자적 사고를 실천하면서 의지적으로 자신이 판단해 최선의 결정을 내렸다. 그렇게 스스로 생각하고 행동하는 사이에 정서와 체중도 계속 향상되었다. 마침내 그녀는 엄마에게 매여 있었던 해로운 사슬을 끊고, 엄마 눈에 비친 존재로서가 아니라 있는 그대로의 자신을 받아들였다.

치료를 종료할 때 크리스틸은 체중 53kg에 약을 다 끊은 상태였으며 대학에 등록해 로스쿨 진학을 준비하던 중이었다. 그로부터 18개월 후에 안부를 전해 왔는데 그녀는 55kg 정도의 체중을 유지하며 대학에서 성적도 우수했고 엄마와의 관계도 서서히 더 건강해지고 있었다.

무엇이 크리스틸을 달라지게 했을까? 사고 기능에 위계상의 균형을 회복하고, 이성을 구사하는 법을 배우고, 뒤틀어진 양심을 정화하고, 사고 속의 잘못된 신념을 없애고, 감정을 사실로 수용하는 게 아니라 검토해 견뎌내는 법을 익히고, 남의 의견보다 진실을 중시한 결과였다. 그녀는 자유의 법칙을 실행하기 시작했고, 엄마의 견해를 고치려 하기보다 엄마 마음대로 생각할 자유를 주었다. 그 결과 엄마가 그렇지 못할 때도 자신만은 진실을 인정하고 중시할 수 있었다. 드디어 크리스털은 그림자에서 탈출해 하나님이 주신 개성을 십분 발휘하게 되었다. 한낱 남의 반사체가 아니라 스스로 생각하는 사람이 된 것이다.

이것이 성경의 표현으로 그리스도 안에서 장성해 성숙한 그리스도인이 되어 가는 과정이다. 성숙한 그리스도인은 진리와 오류를 분별하는 능력, 독자적 사고력, 부정적 감정을 견뎌내는 능력, 지속적 절제력, 남의 의견과 인정보다 진실을 중시하는 능력이 길러진 사람이다. 이처럼 하나님과의 연합이 회복되는 게 성경 전체의 구심점이요 하나님이 계획하신 구원이다.

구원(salvation)이란 단어가 '치유하다'라는 뜻의 어근 salve에서 파생되었음을 생각해 보라. 하나님이 계획하신 구원은 병들고 심약하고 이기적인 존재인 우리를 데려다 손상된 사고를 치유해, 명쾌하게 생각하고 아낌없이 사랑하고 정의롭게 행동하고 단호하게 의를 위해 싸우는 능력을 회복하는 과정이다. 그리하여 하나님의 원수를 그분의 친구로 변화시키는 일이다.

16
회복된 사고

어떤 하나님을 믿느냐에
모든 게 달려 있다.
하나님을 믿지 않는 사람을
무조건 탓할 게 아니라
우선 그가 생각하는 하나님이
정말 우리가 믿어야 할
신인지 따져 보아야 한다.
―조지 맥도널드

사고의 위계를 인식한 뒤로 나는 연구를 계속해, 정신 건강을 이루고 유지하는 데 꼭 필요한 몇 가지 중요한 원리를 발견했다. 앞서 예배의 법칙을 논하며 배웠듯이 인간은 실제로 자기가 흠모하고 예배하는 신처럼 된다. 그래서 하나님을 잘못 알면 반항과 고난과 고통이 뒤따른다.

하나님관은 개개인의 성품 발달과 직결되기 때문에 매우 중요하다. 즉 우리는 자기가 섬기는 하나님의 특성과 원리와 방법을 삶 속에 통합하게 마련이다. 9.11 사태의 비참한 테러 공격이 이 원리를 예증해준다. 공격을 자행한 무리는 무죄한 이들을 살상함으로써 자기네가 숭배하는 신을 기쁘게 한다고 믿었다. 이런 실재를 바탕으로 이제부터 우리 인간의 기원과 하나님이 우리를 창조하신 목적에 이어 결론적으로 내가 섬기는 하나님에 대한 나 자신의 신념을 나누고 싶다.

악의 기원

먼 옛날 우주는 완전하고 순결했다. 불협화음은 어디에도 존재하지 않고 온통 조화와 평안뿐이었다. 최고 통치자이신 하나님은 전능하면서도 은혜로워 자신의 지성적 피조물의 유익과 행복을 위해 모든 것을 즐거이 공급하셨다. 기쁨과 유익을 줄 수 있다면 그 무엇도 아끼지 않으셨다. 그분은 지성적 피조물과의 친밀한 교제를 즐기셨는데, 루시퍼라는 존재도 그분과 가장 가까운 사이 중 하나였다(참조 이사야 14장). 주님은 그에게 대단한 지성, 아름다움, 부요, 영광, 권위, 재능, 영향력, 자유 의지 등 상상할 수 있는 모든 선물을 복으로 주셨다. 루시퍼는 하나님 자신과 그분의 아들 다음으로 지위가 가장 높았다.

루시퍼(Lucifer)라는 이름은 '빛을 지닌 자'라는 뜻이다. 지금도 조명(illuminate)이나 발광(luminescence) 같은 영어 단어에서 그 이름의 잔재를 볼 수 있다. 최고의 피조물로서 하나님을 알고 그분에 대한 지식과 빛을 온 우주에 전하는 큰 영광이 그의 몫이었다.

당신이 하늘의 천사라고 상상해 보라. 당신은 평생 루시퍼를 알았고, 즐거이 그와 함께 다니며 하나님을 찬양했다. 그는 당신의 상급자이면서 상담자요 믿을 만한 친구다. 막역한 사이인 그에게서 당신은 하나님에 대한 놀라운 통찰을 많이 배웠다. 그런 그가 이제 막 하나님의 존전에서 물러나면서 그분에 관한 새롭고 솔깃한 세부 정보를 가져왔다. 그런데 이번에는 불온하고 난감하고 무서운 내용이다.

루시퍼는 당신에게 하나님의 엄청난 권능을 일깨우며, 지성적 피조물 중 누구라도 그분의 계획대로 행동하지 않으면 그분이 힘으로 그들을 해치고 멸하신다고 주장한다. 그의 암시에 따르면 모두가 하나님의 뜻대로 행하는 한 외관상 자유가 주어지지만, 누구라도 선(線)을 벗어나 그분의 법을 어기는 날에는 그분이 힘으로 벌하신다는 것이다.

당신은 어떻게 하겠는가? 하나님께 가서 아뢴다.

"루시퍼가 주님에 대해 아주 불온하고 무섭기까지 한 말을 합니다.

그 말이 사실이라면 주님을 향한 제 믿음이 흔들릴 겁니다. 하나님, 저는 주님도 사랑하고 루시퍼도 사랑합니다. 어느 한쪽을 택하기는 싫습니다."

하나님이 이렇게 답하신다고 하자.

"네가 나를 사랑한다니 기쁘고 루시퍼를 사랑한다니 또한 기쁘구나. 내 말을 믿어라. 루시퍼의 말은 사실이 아니니라."

확신을 얻고 그분의 존전에서 물러난 당신은 루시퍼를 만나 이렇게 밝힌다. "방금 하나님과 대화했는데 당신이 말이 사실이 아니라고 하셨습니다."

그러자 루시퍼가 되받는다.

"바로 그걸세. 하나님이 거짓말하시는 거라네!"

이제 하나님은 어떻게 하실까? 어떻게 반응하실 수 있을까? 왜 자신의 말이 진리이며 루시퍼가 거짓말하는 거라고 그냥 선고하지 않으실까?

증거는 하나님 편이다

당신이 큰 교회의 목사라 하자. 당신의 형인 수석 장로가 교인들 사이를 몰래 조용히 다니며, 당신이 교회 돈을 횡령했으니 함께 기도하라고 말한다. 이 기도가 응답되어 당신이 회개하고 돈을 배상하는 게 그의 바람이다.

물론 당신은 한 푼도 취하지 않았다. 그런데 당신의 형이 의심의 씨를 뿌렸다. 이 사실을 안 당신은 어떻게 반응할까? 온 교인 앞에서 결백을 주장한다면 다들 이해할까? 천만의 말이다. 그러면 어찌할 것인가? 외부 감사를 의뢰해 회계 장부마다 마지막 한 푼까지 일일이 한 줄씩 검증하면 된다. 그러면 진실과 증거를 통해 당신의 무죄가 밝혀지고 거짓말쟁이가 탄로 난다.

하나님은 어떻게 하실 수 있을까? 사탄이 불러일으킨 혼란이 온 우주로 들불처럼 번져나가 파벌이 형성되고 천사들의 반신반의가 고조되었다. 루시퍼의 교묘한 왜곡이 입지를 굳힐 무렵 마침내 하나님이 말씀하신다. "빛이 있으라 … 궁창이 있어 … 뭍이 드러나라." 루시퍼가 하늘 아버지와 그분의 아들에 대해 거짓 주장을 펴자 하나님은 자신이 창조주라는 증거를 내놓으신다.

인간은 하나님에 대한 진리를 드러내도록 지음 받았다

하나님은 그냥 선고하신 게 아니라 증거를 제시하셨다. 입증 가능한 진리를 밝히셨다. 창조 중이신 하나님을 우주가 지켜보는 가운데 하늘에 기대감이 고조되었다. "오늘 하나님이 만드신 것을 보았는가? 내일은 무엇을 만드실까?" 이렇게 온 우주가 간절한 기대감을 품고 우리의 작은 세상에 잔뜩 주목한 채, 루시퍼의 근거 없는 주장에 대해 그분이 더 보여 주실 답을 기다렸다.

엿새째 날에 하나님은 지켜보는 온 우주 앞에 "우리의 형상을 따라 … 우리가 사람을 만들"자고 말씀하신 뒤 "남자와 여자로 창조"하셨다 (창 1:26~27). 성부와 성자와 성령이 함께 연합해 그분들의 형상대로 창조하셨듯이 남자와 여자도 연합해 그들의 형상대로 번식하게 된다. 인류를 지으신 뒤에 하나님은 그들에게 죄 없는 완전한 세상에서 생육하고 번성하라고 말씀하셨다.

세상에 죄가 들어오기 전에는 아담과 하와가 완전한 환경 속에서 자녀를 낳는 게 하나님의 계획이었다. 그때는 사랑과 자유의 법이 지배했다. 부모는 왜 자녀를 낳는가? 자녀를 속박하거나 조종하거나 착취하거나 학대하려고 낳는가? 아니면 온통 자녀의 유익을 위해 시간과 기력과 사랑과 자원을 바치는 게 부모인가? 죄가 있기 전의 세상에서는 얼마나 더 그랬겠는가.

이런 예증을 통해 하나님이 피조물을 대하시는 방식에 대한 진리가 우주 앞에 계시되었을 것이다. 즉 그분은 그들을 착취하거나 속박하거나 학대하거나 단속하려고 지으신 게 아니라 오히려 창조세계의 행복을 위해 늘 자신을 내어 주시는 분이다. 하나님이 인류를 창조해 이루게 주신 고결한 소명이 상상되는가? 인간은 지구를 돌보고 자녀를 양육함으로써 하나님이 우주를 다스리시는 방식에 대한 진리를 예증해야 했다! 하나님이 자신의 형상대로 인류를 지으심은 그분 자신에 대한 진리를 드러내게 하시기 위함이었다!

하나님의 창조세계를 강탈한 사탄

사탄은 인류의 중요성을 인식했다. 창조된 인류를 통해 제시될 증거를 우주가 깨닫는다면 자신의 거짓말이 들통 나고 반항이 무산되리라는 것도 알았다. 그래서 하나님의 계획을 막으려고 그는 이전에 하늘의 동료 천사들을 꾈 때 썼던 전략을 또 꺼내 들었다. 이번에 그가 속일 과녁은 우리의 지구와 특히 아담과 하와였다.

하나님의 창조세계를 강탈해 그분에 대한 진리를 드러내지 못하게 인류를 막는 게 사탄의 속셈이었다. 그러려면 인간의 사고를 심히 훼손해 사고의 속성을 창조주와는 완전히 반대되게 만들어야 했다. 그 일을 이루고자 그는 아담과 하와에게 접근해 하나님을 나쁜 분으로 둔갑시켰다.

"하나님이 참으로 너희가 이것을 먹는 날에는 죽으리라 하시더냐. 너희가 결코 죽지 아니하리라. 나를 보라." 그러면서 뱀이 떠벌렸다.

"내가 이렇게 말할 수 있음도 그 나무 열매를 먹은 덕분이니라. 너희도 먹으면 신이 될 것을 하나님이 아시고 이를 막으려 하심이니라"(참조 창 3장).

애석하게도 이 만남 이후로 아담과 하와는 하늘 아버지께 반항해 사탄의 도구가 되었다. 하나님에 대한 진리를 대변하도록 그분의 형상대로 아름답게 지음 받은 피조물이 오히려 우주 앞에 그분을 한층 더 왜곡했다.

사랑으로 자기를 희생하던 아담의 성품은 즉시 두려움과 이기심의 표상으로 바뀌었다. 희생적으로 하와를 보호하기는커녕 오히려 하와를 탓하며 변명을 늘어놓았다.

우주는 이 모습을 지켜보며 지독한 혼란에 빠졌다. 아담이 정말 창조주를 닮아서 저럴까? 결국, 루시퍼의 말이 옳았을까? 하나님도 아담처럼 이기적이어서 창조세계를 위해 자신을 희생하실 마음이 없을까? 거꾸로 피조물을 희생시켜 곤경을 면하려 하실까? 그래서 예수가 둘째 아담이 되셨다. 형벌을 받아 첫째 아담의 빚을 갚기 위해서가 아니라 첫째 아담이 실패한 일을 이루시기 위해서였다. 즉 그분은 하나님에 대한 진리를 드러내 의문에 답하고 증거를 제시하러 오셨다. 그리하여 우주의 아직 타락하지 않은 부분을 보호하시고 우리를 거짓의 속박으로부터 해방하러 오셨다.

주일은 하나님이 우리에게 자유를 주신다는 증거다

자신에 대한 진리를 드러내고자 세상을 창조하신 하나님은 개인의 자유를 보장하신다는 증거를 내놓으셨다. 그 가장 강력한 증거 중 하나가 매주의 주일이다.

다시 상상으로 돌아가 당신은 하늘의 천사이고 때는 루시퍼의 반항이 시작되던 그즈음이다. 그가 말하는 하나님은 누구든 선을 벗어나면 힘으로 벌하고 멸하시는 분이다. 그의 설명에 따르면 당신의 자유는 모조품이다. 그분의 지시대로 행하는 한에만 외관상 복을 주시기 때문이다. 선을 벗어나는 순간 그분의 벌이 임한다. 그런데 당신은 방금 막 새 세상을 창조하시는 하나님을 목격했다. 압도적인 권능의 발휘였다. 문득 당신의 머릿속에 의구심이 더 고개를 쳐든다.

"루시퍼의 말이 옳았을까? 하나님이 이 엄청난 힘을 보여 주심은 위협하고 압박하고 강요하시기 위함일까? 우리를 겁주어 순순히 따르게 하려고 힘을 과시하시는 것일까?"

당신이 루시퍼의 교묘한 궤변을 곱씹고 있는데 하나님이 개입해 말씀하신다. "온 우주여, 너희는 루시퍼의 주장을 들었느니라. 성부와 성자와 성령의 증언을 듣고 방금 제시된 증거도 보았느니라. 이제 24시간을 따로 비워 이 일을 스스로 숙고해 보아라. 나도 나의 변론을 쉬노라." 이렇듯 하나님은 주일을 창조해 사탄의 근거 없는 주장을 더욱 논박하시는 한편, 자신이 우리에게 생각과 선택의 진정한 자유를 주심을 밝히셨다.

우리는 하나님이 결코 힘과 억지로 자기 뜻을 관철하시는 분이 아님을 알 수 있다. 그분의 왕권과 통치에 대항하는 도발 앞에서도 그분은 선택의 자유를 부여하신다. 이는 그분에 대해 무엇을 말해 주는가? 그분의 거짓과 폭력을 주장하는 무고(誣告) 앞에서도 그분은 우주의 모든 무릎을 힘으로 꺾어 꿇리시는 게 아니라 오히려 이성과 자유 의지로 선택하도록 따로 하루를 창조하신다. 이는 그분에 대해 무엇을 말해 주는? 7일 중 하루를 주님과 함께 안식하라는 주일은 루시퍼의 말이 거짓말이라는 설득력 있는 증거다. 하나님과 함께라면 우리는 참으로 자유롭다!

얼마나 놀라우신 하나님인가! 얼마나 멋지신 창조주인가! 우리의 선택할 자유를 존중해 주시는 하나님을 어찌 신뢰하지 않을 수 있겠는가?

하나님에 대한 진리

하나님의 성품과 원리와 일하시는 방식을 존중해 그분을 신뢰하려면 그분에 대한 진리를 알아야 한다. 우리의 신뢰의 근거는 그분이 자신의 신뢰성을 예증하고자 계시해 주신 증거에 있다. 이렇게 회복된 신뢰는 우리 마음속의 두려움을 몰아낸다. 그때부터 우리는 이기심과

271

두려움과 죄책감 대신 다시 사랑의 동기로 살아간다.

우리의 이성이 고결해지고 양심이 정화되고 의지가 강건해진다. 그래서 우리는 자진해서 하나님의 방법인 사랑과 자유를 실천한다. 그러니 점점 더 그분을 닮아감은 당연한 일이다. 스스로 결정하는 능력, 존엄성, 하나님이 주시는 고결한 성품이 회복된다. 이제 우리는 사랑과 자유와 진리와 개방의 원리로 살아가며 끊임없는 발전과 성숙을 이루고 연승 가도를 달린다. 하나님의 원수였던 우리가 그분의 친구로 변해 장차 그분을 대면해 만날 그날을 고대한다.

〈그녀〉가 지금 어디에 있는지 나는 모른다.

어떻게 지내는지도 모른다. 살아 있는지 아니면 뜻대로

목숨을 끊었는지조차 모른다. 그러나 그녀가 아직 힘들게 살아 있어

여태 그 옛날 내가 줄 수 없었던 답을 찾으려 애쓰고 있다면,

이 책이 그녀의 손에까지 들어갔으면 좋겠다.

자신의 고통을 치유해 주고 사고에 평안을 가져다줄 답을

이 책에서 얻기를 바란다.

지금도 나는 그녀를 위해 기도하고 있다.